知的障害児の指導における課題遂行の促進

村中 智彦　MURANAKA, Tomohiko

Teaching
to Promote Task Performance
for Children
with Intellectual Disabilities

溪水社

まえがき

　本書は2014年3月に兵庫教育大学連合学校教育研究科より授与された博士論文「知的障害児の教育臨床における先行操作に基づく課題遂行の促進」に基づく学術図書である。2015年度科学研究費補助金・研究成果公開促進費（課題番号：15HP5181）の交付を受け、発刊させて頂いた。その内容は、知的障害児の個別指導と小集団指導において、対象児の課題遂行を促すための手続きを明らかにし、指導プログラムの在り方について提案したものである。専門とする応用行動分析の立場から、個別と小集団のそれぞれの指導形態の特徴に応じて、先行操作に基づくアプローチを導入し、その効果を検証した。本書の中核となる先行操作とは、指導場面において、対象児の逸脱行動が生じないように、かつ適切な課題遂行が促されるための物理的・人的支援環境を徹底して整備し、改善するためのアプローチの視点であり、方略である。

　知的障害や自閉症のある子どもたちが多く在籍している特別支援学校の授業づくりでは、個別指導や小集団指導が多く実施されている。これらの指導場面における効果的な指導法に関する研究は従来から取り組まれており、現在も変わらず重要な課題の一つである。本書の一貫したテーマである子どもの逸脱行動を未然に防ぐ予防的な対応、加えて課題遂行の促進を目標とする包括的で積極的なアプローチは、授業づくりにおいても大切な視点や手だてを提供すると考えられる。学術図書として刊行され、教師の目に触れる機会が増えることで、日々の授業づくりや教育実践に広く活用されることを願っている。

目　次

まえがき ……………………………………………………………… i

第1章　知的障害児の課題遂行の促進に関わる指導
第1節　知的障害児に対する課題学習の内容 ……………… 3
第2節　課題学習の指導形態 ……………………………… 4
　1　個別指導における課題内容と手続き　5
　2　小集団指導における課題内容と手続き　16

第2章　課題遂行の促進に関わる先行操作
第1節　先行操作とその関連概念 ………………………… 21
　1　先行操作　21
　2　状況事象と弁別刺激　22
　3　確立操作　23
　4　先行操作と結果操作　25
第2節　先行操作に基づく指導の特徴 …………………… 26
　1　課題遂行の促進と問題行動の予防　26
　2　課題への動機づけと嫌悪性の低減　28
第3節　先行操作に関する研究の成果 …………………… 28
　1　研究成果の概要　28
　2　反応における先行操作の効果　30

第3章　問題の所在及び本研究の目的
第1節　課題遂行を促進する先行操作 …………………… 32
第2節　個別指導における先行操作 ……………………… 33
　1　試行間間隔の設定　33

2　セット間の設定　34

    3　課題の選択機会の設定　35

  第3節　小集団指導における先行操作 …………………… 36

    1　物理的環境の設定　36

    2　係による課題遂行機会の設定　38

    3　対象児同士のやりとり機会の設定　39

  第4節　本研究の目的 …………………………………………… 40

第4章　個別指導における先行操作

  第1節　試行間間隔の設定（研究Ⅰ-1）……………………… 42

    1　目的　42

    2　方法　42

    3　結果　52

    4　考察　56

  第2節　最適な試行間間隔の設定（研究Ⅰ-2）……………… 60

    1　目的　60

    2　方法　61

    3　結果　67

    4　考察　76

  第3節　セット間の設定（研究Ⅱ）………………………………… 79

    1　目的　79

    2　方法　80

    3　結果　84

    4　考察　92

  第4節　課題の選択機会の設定（研究Ⅲ）……………………… 94

    1　目的　94

    2　方法　95

    3　結果　100

目　次

　　　4　考察　102

第5章　小集団指導における先行操作
　第1節　課題遂行機会の設定（研究Ⅳ）……………………106
　　　1　目的　106
　　　2　方法　106
　　　3　結果　114
　　　4　考察　122
　第2節　やりとり機会の設定（研究Ⅴ）……………………127
　　　1　目的　127
　　　2　方法　127
　　　3　結果　136
　　　4　考察　148

第6章　総合考察
　第1節　個別指導における先行操作と課題遂行に
　　　　　及ぼす効果 ……………………………………………154
　　　1　試行間間隔の設定とその効果　154
　　　2　セット間の設定とその効果　156
　　　3　課題の選択機会の設定とその効果　157
　第2節　小集団指導における先行操作と課題遂行に
　　　　　及ぼす効果 ……………………………………………157
　　　1　課題遂行機会の設定とその効果　157
　　　2　やりとり機会の設定とその効果　158
　第3節　先行操作に基づく指導プログラム　……………161
　　　1　個別指導のプログラム　161
　　　2　小集団指導のプログラム　162

v

第7章　結論と今後の課題
　　第1節　結論 …………………………………………………… 164
　　第2節　今後の課題 …………………………………………… 165

引用文献 ………………………………………………………… 167
あとがき ………………………………………………………… 185
事項索引 ………………………………………………………… 188

知的障害児の指導における課題遂行の促進

第1章　知的障害児の課題遂行の促進に関わる指導

第1節　知的障害児に対する課題学習の内容

　知的障害は、知的機能と概念的、社会的及び実践的な適応スキルによって表される適応行動の著しい制約によって特徴づけられる障害である（AAIDD: American Association on Intellectual and Developmental Disabilities, 2010）。知的障害児の教育臨床においては、彼らの知的機能の制約を補い、その活用を最大限に高めるための課題学習が必要となる。課題学習は、指導者が特定の学習内容を提示し教授する事態であり（藤原, 1988）、適応行動や日常生活で役立つスキルの習得が目標とされる。例えば、個別指導においては、認知や言語、運動などの発達の状況や技能レベルに応じて、弁別学習やコミュニケーション学習、模倣や運動学習などの課題が設定される（Favell, Favell, & McGimsey, 1978；Fink & Sandall, 1980；片倉, 1979；野村, 1996；清水・山口・高橋, 1984；杉山, 1980）。
　AAIDDによる知的障害の定義にある適応行動の著しい制約の背景として、言語、コミュニケーションスキル、社会的スキルの欠如がある。知的機能の40％は言語機能といわれるほど知的機能と言語機能の関係は密接であり（永渕, 1977）、知的障害児の多くが言語やコミュニケーションの発達の遅れを示し、知的障害の程度が重度であるほど言語発達の遅れが認められる（田口, 1966）。このため、1950年代から、知的障害児を対象とした音声言語や非音声的なコミュニケーションの指導法をテーマとした研究が多く報告されており、発達心理学に基づくアプローチ（小山, 1989；長

崎，1989 大井，1992）や応用行動分析によるアプローチなどがある（藤金，2001；望月・野崎・渡辺，1988；長沢・森島，1992；小笠原・氏森，1990）。このように、知的障害児では、抽象的な事象の認知や思考を促す課題内容に加えて、言語理解や表出、コミュニケーションを促す課題内容が必要とされる。

　また、知的障害特別支援学校では、自閉症の診断のある、あるいは疑いのある児童生徒の割合が40％を超え、その傾向はより一層高くなっている（国立特殊教育総合研究所，2005；東京都教育委員会，2008）。自閉症児では、その主たる障害である対人における質的なコミュニケーションの制約や欠如という課題を抱えている。自閉症児の予後研究の結果では、28〜61％の自閉症児で話し言葉を獲得できないことが明らかにされている（西村・綿巻・原・佐藤・若林，1998）。自閉症児の80％は知的障害を伴うことから（稲垣・白根・羽鳥，2003）、知的障害を伴う自閉症児へのアプローチでは、知的障害による言語、コミュニケーションの発達の遅れを促す課題と、自閉症による対人的な言語、コミュニケーションの質的側面を改善するための課題の両方が必要となる。

第2節　課題学習の指導形態

　弁別学習、コミュニケーション学習、模倣や運動学習といった課題内容を指導形態の観点から捉えると、個別指導（One-to-One Teaching）と小集団指導（Small Group Teaching）に分けて整理することができる。大学や臨床機関では個別指導が実施されることが多い（Duker, Didden, & Sigafoos, 2004；杉山，1980）。また、特別支援学校や支援学級という学校現場では、小集団指導が多く実施される（阿部，1997；田村，1999）。

　対象児が1名の個別指導と、複数の対象児で構成される小集団指導に分けて、それぞれの指導形態ごとに、課題内容と手続きについて、先行研究の成果を整理する。

第1章　知的障害児の課題遂行の促進に関わる指導

1　個別指導における課題内容と手続き
1－1）課題内容

　片倉（1979）は、知的障害児や自閉症児の個別指導で実施される課題内容について、認知学習やことば・コミュニケーション学習を中心に、発達段階の低い課題1から高い課題3へのステップに分けて整理している。藤原（1984）は、認知やことば・コミュニケーション、運動学習を中心に、自閉症児の個別指導のプログラムについて、発達的に難度の低いものから高いものへ、感覚様相（モダリティ）では視覚系から聴覚系へ、操作や手続きは単純なものから複雑なものへというステップを示している。清水ら（1984）も、簡単な課題から複雑な課題へと、順次ステップを踏んだ指導を組み立てている。

　杉山（1984）は、自閉症児では多動性や転導性の問題があり、注意を集中しなければ遂行不可能な課題、難易度が低く結果のフィードバックが容易な課題が望ましいことを指摘している。具体的には、動作模倣、ブロック課題（色のマッチング、積み木による形づくり）、パズル課題、線引き課題（コピーイング等の描画課題）、呼名反応を挙げている。武蔵（1984）は、2色のブロックを使用して色合わせ（カラーマッチング）、動作模倣、言語指導（息を吹き出す、命名訓練）、絵カードの聴覚的弁別を挙げている。金原（1984）は、個別指導で実施する表現学習のステップとして、サインペンを持つこと、なぐりがき、トレーシング（なぞりがき）、コピーイング（模写）、人物画のプログラムを挙げている。その他、ことばの学習（池, 1984；佐久間, 1988）、数量の学習（山根, 1984）などが挙げられている。

　このような個別指導の認知、ことば・コミュニケーション、表現学習などの課題は、対象児と指導者を通じて進行する（Duker et al., 2004；片倉, 1979；野村, 1996；清水ら, 1984；杉山, 1980）。個別指導では、指導者とのやりとり機会を活用して、対象児の要求行動や報告行動などのコミュニケーションスキルの形成を図る指導が試みられている。例えば、指導者との教材や課題物の受け渡し機会での選択要求行動の形成、選択要求機会を

利用して他者の確認に対する同意・否定を示す身振りによる「はい」「いいえ」反応の形成、御用学習の設定による「○○下さい」などの要求行動の形成が報告されている（藤原・大泉，1993；藤原・岡田・平澤，1997；平澤・藤原，2002；肥後・飯塚・石坂，1995；長沢・森島，1993；Yamamoto & Mochizuki, 1988）。

1－2）手続き

個別指導で実施される手続きについて、(1) 環境設定とスケジュールの構造化、(2) 断続試行、(3) フリーオペラント、(4) 個別指導実施上の課題に分けて整理する。

(1) 環境設定とスケジュールの構造化

個別指導を実施するに当たって、構造化された環境設定が重要であるといわれる（Bartak & Rutter, 1973；片倉，1979；清水ら，1984）。構造化とは、課題のねらいや提示が明確で、対象児にわかりやすくする環境設定である（片倉，1979）。個別指導では、課題遂行に不要な刺激を除去し、ねらいとする課題にのみ注意を集中させる環境設定が可能であり、環境設定の構造化は、特に自閉症児にとって有効である（片倉，1979；国立特殊教育研究所，2005；野村，1996；清水ら，1984）。その利点として、片倉（1979）は、対象児の課題遂行機会をより多く設定できる、短期間での学習を可能にする、注意を集中させうる、課題のねらいを明確にできることを指摘している。

環境設定の構造化の中でも、知的障害を伴う自閉症児では、課題に関係のない、またはそれを妨害するような不要な刺激を室内に置かないという物理的環境の構造化が重視されている（片倉，1979；清水ら，1984）。物理的環境の構造化を体系的に取り入れたプログラムとして、自閉症児のティーチプログラムがある（青山，1995；服巻・野口・小林，2000；服巻・野口，2005；佐々木，1993；島宗，2003；竹内・島宗・橋本，2005）。物理的構造化とは、住宅の内部や学校の教室内を、家具やついたて、カーペットなどを用いて、それらの配置に工夫を凝らして、各場所や場面の意味を視

覚的に理解しやすくする手だてである（佐々木，1993）。物理的構造化を行うことで、自閉症児が視覚的にわかりやすく、どこで何の課題を行うかという場所と課題が一対一でマッチングされる。ティーチプログラムは、対象児が個別に課題に取り組むシステムであり、課題に取り組む場所としてワークエリアが設定される。スキルの低い対象児では高度な構造化が必要であるとされ、物理的構造化のアイディアは、多くの特別支援学校の個別指導で取り入れられている。個別指導において、対象児が課題目標を理解しやすくするための環境設定やスケジュールの構造化は、対象児の課題遂行を促進する上で、先行して取り入れる手続きであると考えられる。

　ティーチプログラムでは、いつ、どこで、どんな課題を、どれだけ行えば良いのか（課題完成や終了）を、絵や写真カードの視覚手がかりを活用して伝えるスケジュールの構造化も実施される（佐々木，1993）。スケジュールや見通しを明示したり予告したりする手だては、ティーチプログラムに限ったことではなく、ティーチ以外のプログラムでも有効な手続きである（Duker et al., 2004；片倉，1979；大野・杉山・谷・武蔵・中矢・園山・福井，1985；Repp & Karsh, 1992；清水ら，1984；氏森，1992）。

(2) 断続試行

　断続試行手続きについて、特徴と利点、課題、逸脱行動への対応の3つの観点から整理する。

　一般的に、個別指導では断続試行手続きが実施されることが多い（Duker et al., 2004；片倉，1979；大野ら，1985；Repp & Karsh, 1992；清水ら，1984；佐久間，1988；氏森，1992）。

　断続試行手続きを最初に使用したのはThorndike（1911）のネコを被験体とする問題箱であった。被験体が問題箱に入れられれば試行が開始され、それぞれの試行は被験体が1回の反応をすれば終了する。主要な従属変数は反応潜時であった。この手続きは、後にSkinnerによって提唱されたフリーオペラント手続きに対して、測度とされたオペラント反応が限定された場合にのみ可能であるという意味で、統制オペラントともいわれる

(岩本，1985)。

　断続試行手続きの特徴を有する指導法として、断続試行訓練が開発された。主に、自閉症児の言語形成や条件性弁別学習を図るための手続きであった。断続試行手続きを用いて、特に言語指導での確実な成果を報告をしたのは Lovaas（1977）であり、Lovaas による断続試行治療と呼ばれ、個別指導における行動形成の基本的な手続きといえる（Smith, 2001）。具体的には、言語指導において、指導者が絵カードを提示し「これ何？」と教示し、対象児がその命名反応を発語した場合に一次性強化刺激（食べ物）か、社会的な強化刺激（指導者の賞賛）を即時に提示（随伴）する手続きである。

　Smith（2001）は、個別指導における一般的な断続試行訓練の構成要素や実施手順について、以下のように整理している。

　手がかり：弁別刺激と呼ばれる。「これをしなさい」「これはなに」などの指導者の短い、または明確な教示や質問を行う。

　プロンプト：手がかりとほぼ同時に、あるいはそのすぐ後に、指導者が行う対象児の手がかりに対する正しい反応への援助。例えば、指導者が対象児の手を持って反応を遂行するようにガイドしたり、反応モデルを示したりする。対象児の学習の進捗に伴って指導者は徐々にプロンプトを減らしたり無くしたりする。

　反応：対象児の手がかりに対する正しい、もしくは正しくない反応である。

　結果：対象児が正しい反応を示したとき、指導者はすぐに賞賛するか抱きしめる。または少しの食べ物や玩具、他の活動などの反応を高める強化刺激を与える。対象児が正しくない反応を示したとき、指導者は「違うよ」と言い、教材を取り去るか、違ったやり方のシグナルを示す。

　試行間間隔：結果を与えた後、指導者は次の試行の手がかりを提示する前に短い時間（1〜5秒）間を置く。

　Smith（2001）は、断続試行訓練の利点について、行動の新しい形式を

第1章　知的障害児の課題遂行の促進に関わる指導

レパートリーに加えたり、新奇の弁別学習を形成したりする際に有効であること、後者の新奇の弁別学習では、特に、模倣や受容・表出言語、会話や文法や統語などの言語行動の形成で頻繁に使用されていることを指摘している。

関連して、大野ら（1985）は、断続試行訓練が、訓練を進める上での基本的な学習行動、つまり、指導者の指示に従う、注視、弁別、模倣行動を形成する上で有効であると述べている。これらの学習行動の形成には、注視行動を引き出す指導者の「見て」の教示や明確な教材提示、弁別行動を引き出す指導者の「これなあに」「○○を指さしてください」など、断続試行訓練の特徴とされる明確な先行刺激の提示、それに基づく反応と強化の随伴というシンプルな手続きが有効である。

断続試行手続きの課題として、標的反応の般化や維持の困難性、自発性の難しさが指摘されている（大野ら，1985：氏森，1992）。氏森（1992）は、断続試行手続きとほぼ同義である断続型オペラント法の課題として、一定の効果がみられるまで消耗する時間が著しい、練習効果が般化しにくい、行動レパートリーが拡大しにくい、自発性がなくなる危険性があるという4つの課題を指摘した。

般化や維持の困難とは、指導場面で形成された反応が、それとは異なる他の指導場面やその行動の生起が期待される日常場面で生起しないことである。そして、この般化や維持の困難性と、自発性の欠如は密接に関係している。大野ら（1985）は、断続試行訓練の特徴の一つとして、対象児の反応は実験者が刺激をセットし指示や質問をした時のみ可能になり、その一方で、実験者の指示や質問がないと反応が生じなくなることを指摘している。

Duker et al.（2004）は、断続試行手続きでは、セッションの間ずっと繰り返される多くの試行に渡って、学習者の反応のための機会提示が指導者によって開始されると述べている。このような断続試行手続きによる学習を積み重ねた結果、対象児は明確な手がかりが提示されないと反応を自発

できなくなる。つまり、断続試行手続きでは、標的反応とその生起を促す課題提示や教示との刺激性制御が強固になる課題が指摘できる。指導者の課題提示や教示が明示されない事態が多い学校や家庭場面では、標的反応が自発的に生起しなかったり、自然な環境上にある標的反応の弁別刺激に移行しなかったりするという課題が生じる。

　さらに、断続試行手続きの課題として、試行間隔中における対象児への反応禁止の操作を指摘できる。サル類を対象として、断続試行手続きを用いた実験研究として、Harlow（1949）のWGTA（Wisconsin General Test Apparatus）がある。実験時間は、試行時間と試行間隔に分かれ、試行間隔中に操作体への反応が物理的に禁止される、つまり、被験体に対する反応禁止操作が採用される（浅野，1975）。浅野（1975）は、この断続試行手続きに関して、試行時間に強化されるべき反応が試行間において生じた場合は物理的に禁止されるとしている。Asano（1976）は、ニホンザルの分化学習が成立する手続きの実験研究を通じて、断続試行手続きの反応禁止操作がオペラントの自発及び弁別行動にどのような影響を及ぼすのかを検討し、少なくとも継時弁別学習のような強化操作が重要な実験変数になっている場合、物理的な反応禁止操作が反応型の自発に対して大きな影響を持つことを明らかにした。この知見から考えれば、指導場面においても、断続試行手続きに基づく対象児への反応禁止操作が課題遂行に抑制的に働くことが推測される。

　藤原（1988）は、指導場面における断続試行手続きの反応禁止操作について、課題の試行は常に指導者からの働きかけや課題物の提示によって始まり、それに対する対象児の反応への強化操作によって試行が終わる。そして、次の試行は再び指導者側からの働きかけによって始まり、それ故にそれまで対象児は「おておひざ」などをして待っていなくてはならないと説明している。この断続試行手続きに伴う課題として、対象児からの反応の任意性に対応できない点を指摘している。

　断続試行手続きで実施される個別指導の試行間では、自己刺激などの逸

第1章　知的障害児の課題遂行の促進に関わる指導

脱行動を生じさせないために、待つ反応や学習態度の形成が必要であるとされている（杉山，1980；杉山，1984）。先に挙げたSmith（2001）も、断続試行手続きの実施手順の一つに、試行間間隔を挙げ、指導者が強化を与えた後、指導者は次の試行の手がかりを提示する前に短い時間（1～5秒）を置くとしている。これらの試行間で待つ反応や学習態度の形成は、断続試行手続きに基づく反応禁止操作として捉えることができる。

　新奇課題や未学習課題、難しい課題に取り組む事態では、場面それ自体の嫌悪性は高くなり、回避や逃避などの逸脱行動が生じやすくなる（平澤・藤原，2002；Kern & Dunlap, 1998；Mace, Browder, & Lin, 1987；岡村・藤田・井澤，2007；Smith, Iwata, Goh, & Shore,1995）。個別指導で認められる対象児の離席、自己刺激、癇癪などの学習の妨げとなる行動を統制する逸脱行動への対応として、片倉（1979）は、課題への注意を引き戻す働きかけを行い、適切な課題提示と強化刺激を工夫すべきことを指摘している。また、課題中の逸脱行動が生じるのは、課題が不適切で、対象児が課題内容や手続きを理解できない時であり、逸脱行動は無視して課題を継続しようと努力すること、一つの課題でねらいを一つとすること、欲張った課題構成にしないことを挙げている。

　杉山（1984）は、個別指導での逸脱行動への対応について、対象児の自己刺激などの逸脱行動は、対象児が遂行すべき活動のない空白の時間で生じやすいことを指摘した。この空白の時間として、課題と課題の間（課題間）や試行と試行の間（試行間）が挙げられる（杉山，1980）。課題間や試行間に生起する逸脱行動に関連して、杉山（1984）は、対象児の逸脱行動を消去するための手段として、拮抗条件づけの有効性を指摘している。具体的には、例えば、対象児の手をヒラヒラさせる行動に拮抗する行動として、学習効果の向上や学習態度の形成につながる手を机の上に置く行動を挙げている。この拮抗条件づけは、両立しない行動の分化強化（Differential Reinforcement of Incompatible、以下、DRI）手続き（Jones & Baker, 1990）に相当する。DRI手続きとは、低減対象とされた不適切行動と身体

的に両立しえない適切な行動の遂行に正の強化刺激を随伴させる手続きである。

藤原（1988）は、個別指導では、断続試行手続きによる学習の進行に伴い、指導者が課題をセットし終わる前に対象児が教材を取ろうとするなど対象児から進んで試行を遂行しようとする反応が認められるようになること、そして、このような反応に対して試行の遂行の妨げとなる逸脱行動と捉えるのではなく、試行間間隔を短くし、対象児の反応速度に合わせて教材を提示する手続きで対応可能なことを指摘している。

(3) フリーオペラント

断続試行手続きに対比されるものとして、フリーオペラント手続きがある。Skinner のフリーオペラント手続きの特徴は、被験体が実験箱にいる間、オペラント反応が任意に、また繰り返し生起しうる点である（Mazur, 1998）。オペラント条件づけでは、強化の有無は別として、実験中に常時、所定の反応型を自発することが可能であるというフリーオペラント手続きが使用される（浅野, 1975）。フリーオペラント手続きでは、通常の環境条件に、強化操作に対応して提示する実験者刺激が付加されるのみであり、被統制行動は実験者刺激の on/off に関係なく自発可能である（大野ら, 1985）。フリーオペラント手続きでは、断続試行手続きが反応潜時を主な従属変数にしたのに対して、反応の強さの尺度として反応率が測定される。この反応率とは単位当たりの反応回数を表している。

実験手続きとして用いられるフリーオペラント手続きと、その特徴を反映したフリーオペラント手続きによる指導法とは区別される（大野ら, 1985）。そして、従来の個別指導では断続試行手続きが多く、近年はフリーオペラント手続きによる指導法が多く使用されるという指摘もあるが（氏森, 1992）、1980 年代から、両方の指導法の利点や有効性が対比されて議論されている（大野ら, 1985；佐久間, 1988）。

フリーオペラント法の最大の特徴は、被験体がいつでも任意に行動を自発できる点であろう。この特徴によって、被験体が実験環境で何らかの学

習を行った時や外的な刺激の変化があった時の反応率の変化を実験者が継続して観察し記録できる。藤原（1997）は、フリーオペラントとは、そのもとで個体がいつでも任意に行動を自発できる場面を言い、これによって日常場面における自発的なオペラント行動を分析対象として扱えると述べている。

佐久間（1988）は、自閉症児の言語指導において、訓練場面を設定せず、プレイルームで、あるいは生活そのものの中で、強化操作を展開させるやり方をフリーオペラント法と呼んでいる。フリーオペラント法は、強固に構造化された場面設定ではなく、そのもとでは個体がいつでも任意にどのような行動であっても自発できる場面設定のなかで、対象児が始発した発声や働きかけ行動に強化刺激を随伴させる方法である。このような個体の反応の任意性に関連して、フリーオペラント法とは、先行刺激、反応、後続刺激の3項のうち、先行刺激による制御を最小にし、後続刺激による制御を最大にする強化操作に重点を置いた技法と定義される（久野・桑田，1988）。

大野ら（1985）は、フリーオペラント法では、断続試行手続きに比べて物理的制限や統制が少なく、結果操作を重視していることから柔軟な方法といえるが、刺激事態を明確にする必要がある時には断続試行が有効であると述べている。実際の教育臨床における個別指導では、断続試行が望ましいか、フリーオペラントが望ましいかという二者択一の問題ではなく、それぞれの手続きの特徴や利点を理解した適用が必要である。

(4) 個別指導実施上の課題

個別指導では、対象児個々のレベルに応じて課題内容を設定し、環境設定を構造化して、目的に即して断続試行かフリーオペラント手続きを使用することで、反復的、系統的な学習機会の設定が可能である。しかし、個別指導の実施上の課題として、一人の対象児に一人の指導者が担当するという指導に要する人的コストの高さが指摘できる。また、一般の公立学校では、集団指導そのものやそこでの集団適応スキルの形成が重視され、指

導者と対象児が同率の場合に実現できる個別指導は難しい場合もある（Fink & Sandall, 1980）。

そこで、個別指導と、集団指導や一斉指導の中間に位置づけられる小集団指導の活用が考えられる。1970年代後半より、個別指導に要する人的コストの高さを補い、学習の効率性を高めようとする視点から、個別指導と小集団指導での比較を試みる研究が報告されるようになった（Alberto, Jobes, Sizemore, & Doran, 1980；Favell, Favell, & McGimsey, 1978；Fink & Sandall, 1980；Kamps, Walker, & Maher, 1992；Oliver & Scott, 1981；Reid & Favell, 1984）。

Favell et al.（1978）は、重度遅滞児の個別指導と集団指導の学習効率性について、学習に要する指導時間の観点から検討している。重度遅滞児の単語認知課題において、一つのグループは個別指導で、もう一つのグループは対象児4名で指導者1名による集団指導が実施された。集団指導での学習の正反応率は、個別指導とそれほど差はなかったが、集団指導では、個別指導で指導されたグループよりも、学習の習得に要する時間が少なかった。学習に要する指導時間という点で、集団指導は個別指導よりも効率的であることを明らかにした。同様の知見として、Fink and Sandall（1980）は、4歳4ヶ月〜5歳6ヶ月の発達遅滞幼児の単語命名課題において、個別指導と小集団指導の両方を実施し、単語命名反応の正答率と指導者が指導に要する時間量を比較した。その結果、両場面で正答率にはそれほど差はなく、小集団指導では指導に要した時間量が明らかに少ないことを示した。この結果は、小集団指導が個別指導の実施が難しい公立学校において、個別指導に代替できる指導形態であることを明らかにした。また、Oliver and Scott（1981）は、重度精神遅滞児8名を対象に、受容言語課題の獲得と維持について、集団指導と個別指導の効果を比較した。両場面で受容言語課題の獲得率は同じであったが、維持率は集団指導で形容詞の概念を指導したときに、個別指導よりも45%高かった。この結果について、集団指導では、個別指導と違って、他児の学習機会が観察学習の機会となったためと考察している。

第1章　知的障害児の課題遂行の促進に関わる指導

　以上、個別指導と小集団指導の比較研究の成果から、小集団指導では、個別指導に比べて、学習に要する指導時間が短縮される点で学習効率がよいと考えられる。

1−3）個別指導から小集団指導へ

　小集団指導と個別指導の比較研究では、まずは個別指導を行い、個別指導での課題遂行を形成した後に小集団指導へと展開する指導ステップの有効性も指摘されている（清水ら，1984；片倉，1979；Koegel & Rincover, 1974；Repp & Krash, 1992）。特に、自閉症児を対象とした指導プログラムにおいて、その傾向は強く、清水ら（1984）は自閉症児では、集団指導であっても、対象児個々の指導目標に応じて的確な個別的対応が重要であることを指摘した。対人関係の障害が重篤で社会的行動が形成されていない自閉症児では、個別指導を優先して行い、課題習得や発達状況に応じた集団指導を後で導入する指導ステップを提案している。

　Koegel and Rincover（1974）は、特異な話し言葉を有するか言葉のない自閉症児8名を対象に、指導グループの大きさ（対象児が1、2、8名）を変えて、学級適応に必要な基礎的な学習行動の形成（指導者の指示を聞いて応じる、模倣する、話し言葉や語彙を理解する）を試みた。実験Ⅰでは、個別指導で学習行動の形成が行われた。個別指導を通じて形成された学習行動は、8名のグループ、さらに指導者1名が対象児2名に指導するグループでは生起しなかった。個別指導で形成された適切な学習行動について、学級場面への般化を促進させるために、4週間に渡る学級場面での指導を行ったが、新たな学習行動の獲得は困難であった。そこで、実験Ⅱでは、個別指導において対象児の適切な学習行動を支えていた環境刺激を、8名のグループの指導場面の中に取り入れる（フェードインする）手続きを実施した。その結果、8名のグループの学級場面において、新たな学習行動の獲得が促されることを報告した。

　Repp and Krash（1991）は、課題示範モデルを実施する上で、知的障害

児を、「課題を学習する際に健常者よりも多くの試行を要する者」と定義し、課題師範モデルでは、いかに効率よく学習に必要な試行数を減らせるかを重視した。指導ステップとして、まず個別指導が実施され、その後、集団指導が実施された。個別指導において弁別学習に必要なスキルである指示に従う、刺激に注目する、素早く応答するなどの必須技能を形成し、その後に小集団指導へと移行した。

　以上の個別指導から小集団指導への指導ステップを提唱する背景には、個別指導を通じて形成された課題遂行が、小集団指導で般化し、小集団指導でも生起するという考え方がある（片倉，1979：Koegel & Rincover, 1974）。般化は指導場面の先行条件や結果条件、標的反応が類似した場面間で起こりやすい（佐藤・島宗・橋本，2003：Stokes & Osnes, 1988）。また、個別指導で形成された課題遂行が小集団指導で般化するためには、両場面で先行条件や結果条件が類似していることが重要となる。

　しかし、Koegel and Rincover（1974）の結果からも、個別指導と小集団指導では、対象児の課題遂行に影響を及ぼす先行条件や結果条件は大きく異なるため、個別指導で形成された課題遂行が小集団指導で般化することは容易ではないと考えられる。例えば、小集団指導では、個別指導にはない他児の存在や反応という環境条件が生じたり、他児の反応を手がかりとしたモデリング学習の機会が生じたりする（Oliver & Scott, 1981）。般化に著しい困難を示す中度・重度知的障害児では、先行条件や結果条件のわずかな相違が般化を妨げることが容易に推測される。従って、個別指導、小集団指導のそれぞれの指導形態の特徴に応じて、対象児の課題遂行や逸脱行動に影響を及ぼす先行条件や結果条件を同定する方略が必要であると考えられる。

2　小集団指導における課題内容と手続き
2－1）課題内容
　上述した個別指導と小集団指導の比較研究では、両指導形態において単

語命名や言語課題が実施されていた（Favell et al., 1978 ; Oliver & Scott, 1981）。こうした研究からわかるように、小集団指導でも、個別指導で実施される課題内容は扱われる。加えて、小集団指導では、対象児同士のやりとり（相互交渉）機会が設定できる点が特徴的である。このような対象児同士のやりとり反応は、小集団指導における課題遂行の一つとして捉えることができる。

野村（1996）は、小集団指導の最大の特徴として、対象児同士の相互交渉機会が設定できることを挙げ、小集団指導の活用が重要であると述べている。仲間との相互交渉スキルの獲得に困難を示す知的障害児や自閉症児では、対象児同士で関わるという社会的なコミュニケーション行動の獲得にもつながる。対象児同士の相互交渉は、コミュニケーション以外の領域の発達にも重要な役割を果たし、障害のある仲間との関わり自体やそれから得られるピアサポートの保障は彼らの生活の質（Quality of Life）の向上にとって大切な要素であること（涌井, 2003）、仲間関係は学業や社会的不適応と強い関連があること（佐藤・佐藤・高山, 1986）も示されている。

ただし、大人と対象児のやりとりでは、大人が対象児に合わせる、文法的に不完全な発話にも肯定的に反応することで発話への強化を与えるなどの言語調整が可能であるが、対象児同士の会話ではお互いに調整し合うことは難しい（小島, 2001）。特に、自閉症児同士のやりとりが成立しにくいこと（井澤・梶永, 2001）、障害者間のやりとりでは一方がやりとりを開始しても相手からの応答を得ることが希で、相互に強化を提供しあう関係が築かれないことの課題が報告されている（Lord & Magill, 1989）。

2－2) 手続き

応用行動分析では、小集団指導における対象児同士のやりとりを形成するための手続きとして、これまで、(1) 社会的スキル訓練（Social Skills Training）、(2) 集団随伴性の有効性が示されている。いずれも、いくつかの技法を包括的に、効果的に組み合わせて実施される介入パッケージであ

り、それぞれの成果と課題が報告されている。
(1) 社会的スキル訓練

　知的障害児や自閉症児が、障害のない対象児に比べて、社会的スキルに遅れやつまずきが認められることは古くから示されている（Doll, 1953）。社会的スキルは、やりとりスキルを含み、通常、大人や仲間とのやりとりを通じて身につけていくものであるが、知的障害児や自閉症児では、やりとりを通じて自然に社会的スキルを習得していくことは難しく、指導者による意図的で系統的な指導が必要であるといわれる（佐藤ら，1986）。

　社会的スキルの統一的な定義はないが、対人的場面の中でお互いの立場や権利を侵さずに円滑な人間関係を結ぶのに必要なスキルと定義されている（佐藤ら，1986）。Combs and Slaby（1977）は、社会的スキルとは、「社会的に受容されるか、あるいは価値をおかれている特殊のやり方で、ある社会的文脈においてその個人にも、相手にとっても、さらには相互の利益となるように他者と相互交渉する能力である」と述べている。また、Gresham（1982）は、社会的スキルは個人にポジティブな結果をもたらし、ポジティブな結果は仲間の受容を増加させるポジティブな相互交渉を導くと述べている。

　知的障害児や自閉症児に対する社会的スキルの訓練では、これまで多様な行動が標的とされていた。その多くは対象児同士のやりとり反応であり、例えば、適切な話し言葉（Kamps, Walker, & Maher, 1992；Koegel, Koegel, Hurley, & Frea, 1992；Lancioni, 1982；McConnell, Sisson, Cort, & Strain, 1991；Taras, Matson, & Leary, 1988）、相互交渉を開始する行動や仲間からの働きかけに適切に応答する行動（Coe, 1990；Kamps et al., 1992；McConnell et al., 1991）、適切な挨拶（Kamps et al., 1992）、アイコンタクト（Berler, Gross, & Drabman, 1982；Taras, Matson, & Leary, 1988）、適切な感情の表し方（Taras et al., 1988）などであった。

　佐藤ら（1986）は、社会的スキル訓練のレビュー論文の中で、その技法を、随伴的強化法、モデリング法、仲間媒介法、組合せ技法、仲間地位操

作法に分類している。例えば、仲間媒介法は、指導者が、障害のある対象児だけでなく、障害のない健常児に働きかけるアプローチである。仲間媒介法は、仲間開始法（Odom & Strain, 1986）、仲間モデル法（Peck, Apolloni, Cooke, & Raver, 1978；Nordquist, 1978）、般化模倣法（Apolloni, 1977）、仲間トレーナー法（Shafer, Egel, & Neef, 1984）のように細分化され、研究が蓄積されている。

(2) 集団随伴性

　社会的スキルに関連して、集団指導において、集団随伴性を適用することで、直接指導していないにもかかわらず、副次的効果として、対象児同士で援助する、励ましや賞賛し合うなどのポジティブな相互交渉行動が促進されることが報告されている（Alexander, Corbett, & Smigel, 1976；Frankosky & Sulzer-Azaroff, 1978；Gresham & Gresham, 1982；小島，1999；小島，2000；小島，2001；涌井，2002；涌井，2003）。集団随伴性とは、集団全員や特定のメンバーの遂行に応じて集団のメンバーに強化が与えられる手続きである（小島，2000）。これに対して、集団場面であっても個人の遂行に対し個人に強化が与えられる手続きは個人随伴性といわれる（小島，2000）。小島（2001）は、集団随伴性の適用による副次的効果として表れる対象児同士の相互交渉行動を、人を思いやり助けようとする向社会的行動と位置づけている。

　我が国では、小島（1999，2000，2001）、涌井（2002，2003）が一連の研究を発表している。例えば、小島（2001）は、仲間との相互交渉に困難を示す8歳の知的障害女児を対象に、他2名の軽度知的障害児と自閉症児からなる集団のすごろくゲーム場面において、対象児同士の相互交渉の促進に集団随伴性が有効であるかを検討した。個人毎に強化（ニコニコシール、残念シールなど）を与える個人随伴性による介入と、集団グループ全体の成績によって強化を与える集団随伴性による介入を行い、集団随伴性条件では標的反応の正反応率は高く、また対象児への賞賛やプロンプトなどの自発的な援助行動が出現したことを明らかにした。ただし、知的障害児と自閉症児を比較すると、集団随伴性の適用によって、知的障害児では

プロンプトや励まし、共感といった対象児同士の向社会的行動の促進が認められたのに対して、自閉症児では全く出現しなかったことを報告した。この結果は、知的障害と自閉症の障害特性に起因するものと考えられるが、自閉症児では集団随伴性の適用のみでは対象児同士の相互交渉を促進させることは難しく、付加的な何らかの手続きが必要であることを示唆している。

第2章　課題遂行の促進に関わる先行操作

第1節　先行操作とその関連概念

1　先行操作

　近年、知的障害児の逸脱行動の生起を未然に防ぎ、かつ適切な課題遂行を促進するための先行操作（antecedent control）が重視されるようになった（Kern & Clements, 2007；Koegel, Carter, & Koegel, 1998；平澤，2004；Luiselli & Cameron, 1998；Luiselli & Murbach, 2002；Miltenberger, 2001；Miltenberger, 2006；武藤・多田，2001；小笠原・櫻井，2003；園山，2006）。従来の指導場面における課題遂行や問題行動の生起に関わる指導変数（Munk & Repp, 1994）は、先行操作や先行的介入として位置づけられている。また、先行操作は、問題行動へのアプローチとして主流となっている積極的行動支援（Positive Behavioral Support）や積極的な行動的介入の主要なカテゴリーの一つにもなっている（Clarke, Tampa, Dunlap, Foster-Johnson, & Childs, 1995；Kern & Clarke, 2005；Miltenberger, 2006）。

　オペラント条件づけにおいて、先行操作とは、オペラント行動に先行する環境事象、即ち状況事象や弁別刺激の操作であり、確立操作を含んだものである（Smith & Iwata, 1997）。知的障害児の指導法に関する応用行動分析における先行操作とは、対象児の問題行動が生じないように状況事象や弁別刺激を取り去ったり改善したりする、望ましい行動が生じやすいように状況事象や弁別刺激を設定したり確立操作を導入したりすることである（Kern & Clements, 2007；Miltenberger, 2001；Sigafoos, Arthur, & O'Reilly, 2003；園

山,2006)。

　Miltenberger(2001)は、具体的な先行操作として、望ましい行動の状況事象や弁別刺激の先行事象を設定する、望ましい行動の結果事象の強化力を高める確立操作を設定する、望ましい行動が起きやすくなるようにその行動の反応努力を減らすという3つの操作を挙げている。Miltenbergerでは、特に、望ましい行動の反応努力を指摘している点が特徴的である。反応努力とは、反応を起こすために必要な身体的な負荷や労力、時間であり、オペラント行動に必要な反応努力を少なくする先行操作では、強化刺激が同じであれば、反応努力の大きい行動よりも小さい反応が選択される(Friman & Poling, 1995：Horner & Day, 1991)。望ましい行動の反応努力を減らすことで望ましい行動が起きる確率は高まり、望ましくない行動が起きる確率は低くなる。

2　状況事象と弁別刺激

　状況事象は、個人のレパートリーで既に存在する行動の生起を促進したり、抑制したりする社会的、環境的な先行事象であり、弁別刺激よりも複雑で、行動と時間的に離れていることが特徴である(武藤,1999)。

　Dunlap, Harrower and Fox(2006)は、問題行動や課題遂行に関連する状況事象の例として、生理学的なもの、認知・情動的なもの、物理的環境、人間関係の4つを挙げている。さらに、生理学的なものの具体例として、身体の痛み、尿が膀胱にたまること、慢性的な病気を挙げ、物理的環境の具体例として、家具の再配置や学校での席替え、ノイズから注意をそらすこと、部屋の気温を変えることなどを挙げ、これらの変化が時間的に離れている問題行動の生起確率に影響を与えることを示した。

　オペラント条件づけの三項随伴性における弁別刺激は、以前その刺激のもとである行動が強化された場合、オペラント行動の出現率を増大させる、自発傾向を高める機能を持つようになった環境上の刺激を指す(Reynolds, 1975)。弁別刺激は、状況事象に比べて、時間的に、直接的に特

定のオペラント行動に近接しており、その自発傾向を高める機能を有している。また、状況事象は一連の相互作用における反応や刺激機能に影響を与え、弁別刺激は特定の反応のための機会をセットするものと考えられる（武藤，1999）。弁別刺激は、反応する機会を提供し（Alberto & Troutman, 1999；Reynolds, 1975）、特定の結果をもたらす行動が起こる機会を設定する働きを持っている（Cuvo & Davis, 1998）。

　弁別刺激が反応に及ぼす影響について、特定の弁別刺激やその刺激クラスに含まれるメンバーが存在しているときにオペラント行動の生起頻度が高まる場合、その行動は刺激性制御を受けていると捉えられる（Miltenberger, 2001）。そして、行動が安定して生起するようになると、周りの人が提示するプロンプトから自然な環境上にある弁別刺激に転移させたり、人のプロンプトを徐々に取り除いたりすることが必要となる。このようなプロンプトが転移する現象を刺激性制御の転移という。刺激性制御の方法として、プロンプト・フェイディング、プロンプト遅延、刺激フェイディングがある（Cuvo & Davis, 1998；Miltenberger, 2001）。

　知的障害児では、環境上にある自然な弁別刺激が確実に行動の機会とならなかったり、本来期待される弁別刺激に移行しなかったりするという課題が認められる。Cuvo and Davis（1998）は、最終的な指導目標は、指導者のプロンプトがあるときに行動が生起するのではなく、自然な刺激があるときにその行動が生起することであり、プロンプトを系統的に除去し、刺激性制御を転移させていくことが必要であることを示している。指導場面での対象児の課題遂行も同様に、指導者のプロンプトから環境上にある自然な刺激への刺激性制御の転移を図る手続きが求められる。

3　確立操作

　Michael（1993）は、確立操作について、「環境的な事象・操作・刺激条件であり、他の事象の強化力を一時的に変えたり、結果として生じるそれらの事象に対する個体の行動レパートリーの生起確率を一時的に変える働

きをする」と定義している。確立操作は、ある刺激の強化力を変える環境事象や生理的状態である。例えば、1日中何も食べないでいることは、食べ物の強化力を高め、食べ物を探す、食べる行動を強めることになる。この例では、1日中何も食べない、食べさせないことが確立操作となる。確立操作には、強化刺激の増強機能があり、強化として同定された特定の結果事象の効力を変える機能がある。また喚起機能として、以前強化されたことのある特定の行動の生起確率を一時的に高める機能がある（Luiselli & Cameron, 1998；Michael, 1982）。

　Kennedy and Meyer（1998）は、確立操作と状況事象の関連について、2つの用語はそれぞれ異なる別の理論体系で使われる概念であり、オペラント行動の分析から導き出された概念である確立操作と（Michael, 1982；Michael, 1993）、人間の行動を相互行動心理学や相互行動的アプローチの立場で説明するときに使用される状況事象があるとしている（Kantor, 1959；園山，1993）。Kennedy and Meyer（1998）は、確立操作と状況事象では、ともに強化の効力に影響を与える先行事象としては同じであるが、2つの用語が互換的に混乱して用いられている問題を示している。

　確立操作と弁別刺激は、区別して捉える必要がある。両方とも行動の生起確率を一時的に変える働きを持つが、弁別刺激は強化刺激が出現する可能性についての予告機能を持ち、確立操作は結果事象や強化刺激の効力に影響を与える（Kennedy & Meyer, 1998；Luiselli & Cameron, 1998；Schlinger, 1993）。Miltenberger（1998）は、弁別刺激と確立操作の違いについて、それらが行動の生起に「いつ」影響を及ぼすかの観点から、弁別刺激は問題行動が生起する直前にあるのに対して、確立操作はその行動が生起するかなり前に生じ、その効果は持続することが多いことを示している。Kennedy and Meyer（1998）は、弁別刺激と確立操作の違いについて、以下のような具体例を上げている。食事の後でいくつかのデザートをのせた皿が出されると、それはどれかを選ぶマンド（要求語）の弁別刺激となるが、確立操作はその人が空腹かどうかである。デザートの弁別刺激がなけ

ればデザートを注文する行動は生じない。しかし、デザートの弁別刺激が提示されても、強化刺激としてのデザートの効力に関係する確立操作の働きによって、デザートを注文するかしないかの確率に変化が生じる。

Kennedy and Meyer (1998) は、確立操作によって問題行動を防ぐ3つの介入方略として、確立操作として機能する事象（睡眠不足など）が生じないようにする、それらの事象を取り除く、強化刺激の飽和化を行う、確立操作の生理的な影響を緩和する（服薬によって生理前症状や頭痛の痛みを和らげるなど）ことを挙げている。望ましくない問題行動の結果事象の強化力を弱めるには、強化刺激としての結果事象に関する確立操作を取り除く必要がある（Miltenberger, 2001）。

4 先行操作と結果操作

応用行動分析における個体によって自発されるオペラント行動の出現頻度は、その反応に後続する結果事象によって規定される（Reynolds, 1975）。行動の前、先行事象によって誘発されるレスポンデント行動と違って、オペラント行動は、行動の後の結果事象によって、その生起頻度が変化する行動である（小野, 2005）。つまり、オペラント行動の生起確率を規定するのは、状況事象や弁別刺激、確立操作などの先行事象ではなく、あくまで、行動に後続する、随伴する結果事象の操作である。Sigafoos et al. (2003) は、先行事象の問題行動の生起に関わる機能として、それ自体が問題行動を生じさせるのではなく、問題行動のきっかけを与えると指摘している。

以上のことからも、オペラント条件づけにおいて最も重要な基本原理は強化であると考えられる。強化とは、ある行動が、その行動の生起に後続する即時の結果事象によって強められる現象やプロセスを指す（Alberto & Troutman, 1999；Miltenberger, 2001；Reynolds, 1975）。特定の刺激が反応の結果として出現することが、その反応の生起確率を高める場合は正の強化と呼ばれ、また、ある刺激、多くは嫌悪刺激が反応の結果として消失するこ

とがその反応の生起確率を高める場合は負の強化と呼ばれる（Reynolds, 1975）。

　課題遂行や問題行動のようにラベリングされる反応は、正の強化や負の強化のプロセスを通じて、その直後の結果によって高まったり維持されたりする（Skinner, 1953）。問題行動は、その行動が生じたことによって強化刺激が出現したり（正の強化）、嫌悪刺激が中断したり除去されたり回避されたりすることによって強められる（負の強化）（Miltenberger, 1998）。課題遂行や問題行動の生起頻度を高めたり反応型を規定したりする操作として、また、問題行動を減少させる結果操作として、分化強化や消去、嫌悪刺激の提示や罰がある（Alberto & Troutman, 1999）。

　以上のように、行動の生起確率を規定するのは、先行操作ではなく結果操作であるが、課題場面において、先行操作は標的とする課題遂行を生じやすくする操作であり、適切な先行操作のもとで課題遂行が生じれば、随伴して確実に結果操作を行うことが容易になる。実際、先行研究では、問題行動の低減と課題遂行の促進を図るために、先行操作と結果操作が併用されることが多い（Duker et al., 2004；服巻・野口, 2005；Sigafoos et al., 2003）。

第2節　先行操作に基づく指導の特徴

　先行操作に基づくプログラムの特徴として、課題遂行の促進と問題行動の予防的な対応、課題への動機づけと嫌悪性の低減の2つを指摘できる。

1　課題遂行の促進と問題行動の予防

　まず、先行操作の特徴の一つは、問題行動の生起を未然に防ぐ予防的な対応であることである（Dunlap, Kern, & Worcester, 2001；Harrower & Dunlap, 2001；平澤, 2004；Kern & Clements, 2007；園山, 2006）。先行操作では、問題行動が起きてからの事後対応ではなく、問題行動を起こさないという予

第2章　課題遂行の促進に関わる先行操作

防的な対応であること、また課題遂行の促進に重点が置かれていることが最も大切な特徴であろう。従来のプログラムで多く用いられていた罰（punishment）を中心とした嫌悪的な結果操作を回避することができる（Kern & Clements, 2007）。Dunlap et al.（2001）は、従来の結果操作を軸としたプログラムと比較しながら、先行操作によるアプローチの最大の利点が、問題行動を減らし回避して、望ましい課題遂行を促進する支援環境の構築であることを示している。園山（2006）は、より積極的に問題行動に代わる適切な行動や適切な行動全般を増やすための先行事象を設定していくことで、問題行動は起きにくくなることを指摘している。その背景には、問題行動が生起している場合、環境条件と対象児のスキルやストレングス、好みとのミスマッチが多く存在することが示されている（Kern & Clements, 2007）。実際、先行操作に基づく指導のアセスメントでは、環境条件とのミスマッチが生じないように、適切な行動が生起する機会の設定に関わる対象児の環境条件の同定に重点が置かれる（Dunlap et al., 2001）。

　近年では、指導場面において、対象児の課題遂行機会を豊富に設定し、適切な課題遂行を促すことで、課題の嫌悪性は低減し、逸脱行動は生じにくくなることが明らかにされている（服巻・野口, 2005；平澤・藤原, 2002；岡村ら, 2007；Saunders & Saunders, 1997）。これらの研究結果に基づくと、先行操作に基づくプログラムでは、対象児の課題遂行機会を量的にも質的にも豊富に設定し、課題遂行に伴う望ましい結果、強化をより多く確実に得られる課題遂行機会の設定やその在り方が重要な観点の一つとなると考えられる。Kern and Clements（2007）は、先行操作の最終的な目標は、適切な課題遂行の確率を高める学習環境づくりにあるとしている。先行操作による適切な課題遂行の確率が高まる学習環境づくりは、対象児が正の強化を受ける確率を高め、単位時間当たりの強化量を増加させることにもつながると考えられるが（Kern & Clements, 2007；Saunders & Saunders, 1998；Skinner, Fletcher, & Heington, 1996）、これらの実証や裏付けが課題である。

2 課題への動機づけと嫌悪性の低減

上述した課題遂行の促進と問題行動の予防的な対応に関連して、Koegel, Carter and Koegel（1998）は、先行操作を対象児の社会的刺激や環境刺激への反応性（reactivity）を高める動機づけ変数として位置づけている。通常、動機づけや学習率の増加を試みる場合、指導者は、行動に随伴する結果操作、つまり、強化刺激の与え方やその効力などを工夫する。例えば、強化刺激としての賞賛やトークンシステムを導入し、またその方法を改善して、対象児の課題遂行を強化し促進しようと試みる（Kern & Dunlap, 1987）。一方、先行操作は、対象児の学習率や動機づけを高める重要な役割を持ち、課題の嫌悪性を低減させる働きをもつ（Dunlap & Egel, 1982）。課題場面では、新規課題や未習得課題も取り組まれるが、それらの課題遂行では、課題そのものに対する嫌悪性は高くなりやすい（平澤・藤原, 2002）。指導者の教示は多くなり、対象児の回避や逃避などの逸脱行動が起こりやすくなる（Derby, Wacker, Sasso, Steege, Northup, Cigrand, & Asmus, 1992；Iwata, 1994；Kern & Dunlap, 1998；Smith, Iwata, Goh, & Shore, 1995）。このような課題場面において、先行操作は、教示や課題提示という逸脱行動を喚起する先行事象の嫌悪性を低減するといわれる（Kern & Dunlap, 1998）。Singer, Singer and Horner（1987）は、先行操作によって、対象児が指導者からの指示に応答できる、嫌悪的な行動に従事しない確率が高まることを報告している。

第3節 先行操作に関する研究の成果

1 研究成果の概要

先行操作に関係して指導場面における指導変数をまとめたレビュー論文が報告されている。

Munk and Repp（1994）は、問題行動の生起に関わるセッティングイベントのような指導に関連する変数（以下、指導変数）を整理し、全ての特

第2章 課題遂行の促進に関わる先行操作

殊教育を行う学校のプログラムでは指導変数はとても重要であり、指導変数は既に存在し、また改善することができること、抑圧的な介入は最小限にしなければならないことを示している。そして、指導効果に関連する独立変数を、対象児の課題の選択、課題の多様性、教示のペース、高確率の課題の散在、課題の部分か全体を示す、課題の難度や誤りを減らす、複数の変数を操作する手続きに分類した。

Dunlap and Kern（1993）、Dunlap and Kern（1996）、Kern and Dunlap（1998）は、一連の論文発表を通じて、望ましい行動パターンが生起する機会を設定し、問題行動のレパートリーの低減に関連する指導変数を、カリキュラム変数と名付けて整理している。カリキュラム変数は、活動内容や目的、それに必要な物品、必要とされる行動トポグラフィー、そのスケジュールや流れ、それが行われる生態学的状況や社会的状況、それが提示される仕方など、幅広い先行事象や文脈事象であり、カリキュラム変数を指導場面に導入するねらいは、望ましい行動を促進させることであることを示した（Kern & Dunlap, 1998）。Kern and Dunlap（1998）は、教室での児童生徒の行動に影響を及ぼし、有効性が実証されているカリキュラム変数として、課題内容の変更、課題の提示方法の変更、状況事象や確率操作の変更の3つに分類した。

関連して、Sigafoos et al.（2003）は、問題行動へのアプローチとして、機能的アセスメントに基づき、Kern and Dunlap（1998）のカリキュラム変数を適用することの有効性を指摘した。逃避に動機づけられた問題行動を低減し課題遂行を高める操作として、適切な課題遂行を強化し、問題行動に対しては逃避や回避の負の強化を得られないように消去を適用することを提案している。また、課題の難度を下げ、徐々に難度を上げる無誤学習手続きを適用する、好みの課題や課題を選択させる、課題の長さを短くする操作の有効性を指摘している。

武藤・多田（2001）は、確立操作の概念と有効性について概観した。そして、課題から逃避することによる負の強化によって高め、維持されてい

る問題行動へのアプローチとして、課題の嫌悪性をより高めている確立操作を分析し、改善することの有効性を示した。具体的な操作として、課題自体を変容するものと、課題を提示する以前の事象を変容するものとに整理し、さらに後者では3つの下位分類を設けている。それは課題をより簡単で強化を得られやすい事象の間に散在させる、対象児の望ましい行動を促進する事象を加える、他の事象を介在させることによって避けることのできないネガティブな事象の影響をブロックあるいは中和する操作であった。

2 反応における先行操作の効果

　先行操作に関する研究において、先行操作が対象児のどのような反応に効果を及ぼすのかについて整理する。先行操作に関する研究において扱われていた従属変数は、その内容から分類すると、課題遂行、問題行動や逸脱行動、情動のレベルの3つに整理できる。

　課題遂行は、課題従事、学習反応、適切行動のように用語は異なるが、その内容を見ると、いずれも指導者の教示に従って課題に取り組む反応と捉えることができる（Dunlap, DePerczel, Clarke, Wilson, Wright, White & Gomez, 1994）。具体的な内容は、学習、作業、日課、余暇といった介入の対象となる活動や課題内容に応じて設定されている。課題遂行に関連するものとして、課題完成、課題開始、自発遂行が測定されていた。また、指導者や仲間との社会的コミュニケーション行動も、課題遂行に含まれる内容として測定されていた。正反応は、課題遂行の中でも、正答や正解で表現される正しい反応であった。課題遂行は正反応と誤反応で構成され、正反応以外が誤反応として捉えられる。誤反応とは、課題に取り組んでいるが、正しくない反応であった。一般に学習が進むとは、正反応の確率が高まり、誤反応が低下することであり、多くの研究において、正反応率は「正答数÷試行数×100」の割合（％）で処理されていた（Dunlap et al., 1983；Dyer, 1989；West & Sloan, 1986）。

第2章　課題遂行の促進に関わる先行操作

　また、多くの研究では、課題遂行とともに問題行動や逸脱行動が標的とされていた。問題行動、逸脱行動、不適切行動といった様々な用語が認められるが、その内容を見ると、指導場面で求められる課題を遂行しない行動として捉えることができる。さらに、問題行動では、自傷、攻撃、癇癪、自己刺激、常同、指示に応じない行動の下位カテゴリが認められた。対象児の示す問題行動の反応型や指導目標や即して、その内容が設定されていた。特徴的な点として、遂行率の高い既習得課題の中に難しい標的課題を挿入する先行操作（Davis, Reichle, Southard, 2000；Ducharme & Worling, 1994；Dawson, Piazza, Gulotta, Lerman, & Kelly, 2003；Harchik & Putzier, 1990；Houlihan, Jacobson, & Brandon, 1994；Kennedy, Itkonen, & Lidquist, 1995；Mace, Mauro, Boyajian, & Eckert, 1997；Mace, Hock, Lalli, West, Belfiore, Pinter, & Brown, 1988；Mace & Belfiore, 1990；McComas, Wacker, Cooper, Peck, Golonka, Millard, & Richman, 2000；Romano & Roll, 2000；Singer, Singer, & Horner, 1987；Smith & Lerman, 1999）では、指示に応じない行動や問題行動を起こさないで低確率課題を遂行する行動が測定されることが多かった。このことから、本操作は、特に、対象児の指示に応じる行動の生起を左右する先行操作であると考えられ、先行操作の内容によって影響を及ぼす問題行動や逸脱行動の内容は異なると考えられる。

　課題遂行、問題行動や逸脱行動の他にも、情動のレベルが測定されていた。情動レベルでは、実験者が指導場面を観察し、対象児の笑顔や情動的な発声発語、身体的な情動を手がかりにして、主観的に評価する方法であった（Moes, 1998；Nordquist, Twardosz, & McEvoy, 1991；Seybelt, Dunlap, & Ferro, 1996）。

第 3 章　問題の所在及び本研究の目的

第 1 節　課題遂行を促進する先行操作

　先行操作に基づくプログラムの特徴は、対象児の適切な課題遂行の促進と逸脱行動の生起を未然に防ぐ予防的な対応を目標とする点である（Dunlap et al., 2001；Kern & Clements, 2007；園山，2006）。Cameron, Maguire and Maguire（1998）は、先行操作に基づくプログラムで必要な研究の一つとして、問題行動や逸脱行動の生起に関わる先行条件ではなく、適切な課題遂行の生起に関わる先行条件を同定することであると述べている。しかし、課題遂行の促進に関わる先行操作はこれまで十分に検討されておらず、平澤（2004）も、問題行動や逸脱行動の先行条件の分析に比べて、課題遂行を促進する先行条件の分析は不十分であることを指摘している。

　先行研究では、対象児の好みを課題に反映する、課題の難度を下げる、課題の選択機会を設定する、試行間間隔を短くする、遂行率の高い習得課題の中に難しい課題を挿入するといった先行操作が課題遂行を促進する効果をもつことが報告されている（Kern & Dunlap, 1998；Munk & Repp, 1994）。さらに、指導場面において、対象児の課題遂行機会を豊富に設定し、適切な課題遂行を促すことで、課題の嫌悪性は低減し逸脱行動は生じにくくなることが示されている（服巻・野口，2005；平澤・藤原，2002；岡村ら，2007）。対象児の課題遂行機会を量的にも、質的にも豊富に設定し、対象児の課題遂行に伴う望ましい結果、強化をより多く確実に得られる課題遂行機会の設定やその在り方が課題であり、研究を進める上で大切な観点の

一つと考えられる。

　先行研究では、「個別指導から小集団指導へ」という指導ステップの有効性が示唆されているが（Koegel & Rincover, 1974；Repp & Krash, 1991；清水ら，1984）、これらの指導形態では、対象児の課題遂行に影響を及ぼす先行条件が異なるため、指導形態ごとに、それぞれの特徴に応じた先行操作を検討していく方略が必要である。

　以上のことから、個別指導と小集団指導の特徴に応じて、対象児の課題遂行を促す先行操作、その中でも課題遂行機会の設定に関わる先行操作を取り上げ、問題の所在を以下に整理する。

第2節　個別指導における先行操作

1　試行間間隔の設定

　従来、個別指導の研究では、指導目標に基づいてあらかじめ設定された課題への遂行手続きの検討に重点が置かれてきた（Dunlap, Dyer, & Koegel, 1983；片倉，1979；清水ら，1984；杉山，1980）。個別指導において、試行間やセット間、課題間を含めて、対象児の課題遂行機会としてどのような設定が望ましいのかの検討は十分ではない。

　先行操作の中でも、試行間間隔（Inter Trial Interval、以下、ITI）をテーマとする研究は、試行間の設定に注目している点が特徴的である。ITIの短い条件では、長い条件よりも対象児の課題遂行は高まることが報告されている（Carnine, 1976；Dunlap et al., 1983；Koegel, Dunlap, & Dyer, 1980；Skinner, Smith, & Mclean, 1994；Valcante, Roberson, Reid, & Wolking, 1989；West & Sloan, 1986）。また、Carnine（1976）は、ITIの短い条件では、長い条件よりも教示に対して1秒以内に発語して応答する参加率が高まることを報告しており、ITIの設定の違いが課題遂行の潜時に影響すると推測される。ITIを短くする条件には、断続試行手続きが関係しており、従来、個別指導の課題間や試行間では、待ち時間が生じると離席や自己刺激などの逸脱行動が

生じやすくなるため、それらを防ぐ学習態度の形成が必要であると考えられてきた（杉山，1980；杉山，1984）。そのため、ITI の設定を短くして、待ち時間を少なくする必要があったといえる。対象児の反応速度に合わせて教示や教材を提示できる ITI の設定にする必要がある。

　課題の正反応率について、ITI の短い条件では、長い条件よりも高まるという報告と（Carnine, 1976；Dunlap et al., 1983）、高まらないという報告があり（Valcante et al., 1989；West & Sloan, 1986）、ITI の設定が正反応率に及ぼす効果は一定していない。

　以上のことから、個別指導における ITI を検討する際には、ITI を短くした時の課題遂行状況と正反応率の両面から検討する必要がある。

2　セット間の設定

　個別指導において、対象児の離席や自己刺激などの逸脱行動は、対象児が遂行すべき活動のない空白の時間で生じやすい（杉山，1984）。試行間と同様に、このような試行のセット間も空白の時間として捉えることができる。従来の個別指導のプログラムでは、試行のセット間で生じる対象児の逸脱行動を消去する手続きとして、学習態度や待つ行動を形成するために拮抗条件づけの手続きが適用されてきた（杉山，1980；杉山，1984）。また、セット間を対象児の課題遂行に対する強化事態として位置づけ、休憩タイムの設定も試みられた（佐久間，1988）。

　個別指導での検討ではないが、奥脇・小林（2000）は、自閉性障害者 1 名の作業場面において、一連の作業活動が終了してから次の作業活動に移るまでの作業活動のない空白の時間に、対象児が作業完成した物品を検品台に運ぶという新たな活動項目を設けたことで、作業中断反応やロッキング反応が低減したことを報告している。個別指導においても同様に、セット間で対象児に待つ行動を形成したり休憩タイムを設定したりするのではなく、課題に関連する活動を設定できると考えられる。一般に、セット間では、指導者が学習の準備や片付けを行っていることが多い。指導者が課

題遂行に必要な教材や教具を整えたり、課題遂行後に教材や教具を取り去ったりするなどの活動である。そこで、セット間で生じやすい対象児の逸脱行動に拮抗する適切な活動の遂行として、この課題の準備や片付けの遂行（以下、課題準備の遂行）が考えられる。また、セット間において対象児が課題準備を遂行することで、指導者から賞賛を得られる機会が増えるであろう。セット間で課題準備の遂行に伴う強化を得ることで、課題遂行の維持という望ましい効果が生じ（Koegel, Carter, & Koegel, 1998；Nevin & Grace, 2000)、本来目標とされる試行時間における課題遂行も促進されると考えられる。

　セット間における対象児の課題準備の遂行手続きでは、対象児が既に習得している簡単な課題準備から実施して、漸次難しくする手続きや課題準備の難度を易しくして無誤学習手続き（Duker et al., 2004；Weeks & Gaylord, 1981）をとることが有効であろう。Koegel et al.（1998）は，対象児が逸脱行動を起こさず適切な課題遂行をして頻繁に強化を受け続ける事態そのものが逸脱行動の生起を予防し、適切な課題遂行の生起を高める先行条件として機能することを示している。即ち、セット間で逸脱行動の生起が防がれることで、試行時間における逸脱行動は起こりにくくなると考えられる。

3　課題の選択機会の設定

　先行操作の一つとして、1990年以降、対象児に複数の課題を同時提示し、対象児に選択してもらう課題の選択機会の設定が課題遂行にどのような効果を及ぼすのかが検討されている（Lancioni, O'Relly, & Emeson, 1996；Sigafoos, 1998)。そして近年では、選択機会の効果に関わる要因やメカニズムの解明が検討されるようになった。

　課題の選択機会の設定が課題遂行を高める効果を生じさせる要因として、選択肢の好みと選択を行う行為それ自体（act of choice-making itself、以下、選択行動それ自体）が示唆されているが、後者の選択行動それ自体の

要因については、それを支持する報告（Dunlap et al., 1994；Moes, 1998）と支持しない報告（Bambara, Ager, & Koger, 1994；Cole, Davenport, Bambara, & Ager, 1997；Fisher, Piazza, Bowman, Owens, & Slevin, 1992；Roscoe, Iwata, & Kahng, 1999）に分かれている。選択行動それ自体が、選択肢の好みの要因を超えて、課題遂行を促進するかどうかは明らかにされていない。

Fisher et al.（1992）は、対象児が課題の選択を行うことによって、より好みの高い課題を遂行できることになると指摘している。そして、好みの高い課題では課題遂行は高まることが見出されている（Koegel, Dyer, & Bell, 1987；Dyer, 1989；Morrison & Rosales-Ruiz, 1997）。即ち、対象児が課題の選択を行うことが好みのより高い課題への遂行を可能にし、さらに好みの高い課題への遂行が課題遂行を高めるという好みによる効果を指摘している（Fisher, Thompson, Piazza, Crosland, & Gotjen, 1997；Lerman, Iwata, Rainville, Adelins, Crosland, & Kogen, 1997；Persons, Reid, Reynolds, & Baugarrner, 1990）。

一方で、Dunlap et al.（1994）やMoes（1998）は、対象児の課題の好みではなく、選択行動それ自体が、課題遂行を高め、逸脱行動を低減させたと考えた。選択行動それ自体が、課題の好みとは関係なく課題遂行を促進するかどうかについてはさらに実証的検討が必要である。

第3節　小集団指導における先行操作

1　物理的環境の設定

従来から、指導場面において、開かれた室内環境を整備すること、活動エリアを区切って場所との対応関係をわかりやすくすること、適切な玩具や教材を配置することの物理的環境の設定が対象児の課題遂行を高めることが示されている（Alberto & Troutman, 1999；Nordquist & Twardosz, 1990；Twardosz, Cataldo, & Risley, 1974）。また、対象児にとって好みの玩具や教材などの豊富な物理的環境設定では、自己刺激、自傷、回避反応などは生じにくいことも報告されている（Favell, McGimsey, & Schell, 1982；Koegel, Dyer,

第3章　問題の所在及び本研究の目的

& Bell, 1987； Horner, 1980； Nordquist, Twardosz, & McEvoy, 1991； 渡辺・小塩・中島・三宅，1978）。ただし、これらの研究は、先行操作の観点が重視される以前のことで、物理的環境設定は指導変数の一つとして扱われていた。近年では、物理的環境設定は、先行操作として捉えられており、改めてその重要性が見直されている。(Kern & Clements, 2007；Miltenberger, 2001；Miltenberger, 2006)。

　物理的環境設定を重視する応用行動分析において、対象児を取り巻く物理的環境の整備は第一に改善すべき指導者側の課題といえる。個別指導では、課題のねらいや提示を明確にしたり、課題遂行に不要な刺激を除去したりすることによって、ねらいとする課題にのみ注意を集中させるという構造化された環境の設定が対象児の課題遂行を促進する上で重要であることが示されている（Bartak & Rutter, 1973；片倉，1979；国立特殊教育研究所，2005；清水ら，1984）。また、ティーチプログラムによる物理的構造化は、自閉症児に限らず知的障害児にとっても有効である（青山，1995）。しかし、部屋や場所をいくつかに区切って場所と活動を一致させるという手だては、対象児一人ひとりに合わせた個別のプログラムであり、小集団指導での応用は制限される。ティーチプログラムにおける物理的構造化に特徴的なパーティションという環境設定は、小集団指導の利点である対象児同士のやりとり機会の設定を難しくする。

　指導場面ではないが、施設での生活や地域での余暇活動の集団場面において、物の配置を改善することで、対象者間の会話が引き出されたり増加したりすることが示されている（Green, Hardision, & Greene, 1984；Melin & Gotestam, 1981）。ただし、これらの研究においては、物理的環境設定は従来の指導変数として扱われており、先行操作に基づく課題遂行促進の観点から検討されているわけではない。また、小集団指導での物理的環境設定の改善の有効性を示唆する文献では学校の実践報告は多く認められるが（Alberto & Troutman, 1999；Denno, Phillips, Harte, & Moomaw, 2004；富山大学附属養護学校，2005）、具体的にどのような操作が対象児の課題遂行を高め、

逸脱行動を低減させるのかの要因の検討については実証的研究が必要である。小集団指導における対象児は多様であり、課題内容によって適切な物理的環境設定の在り方は異なると考えられる。

物理的環境設定の一つである視覚手がかりの活用では、課題内容、スケジュール、手続きをわかりやすく伝えて見通しを与えることで、指導者に依存しない対象児の自立的な課題遂行が促進されることが報告されている（青木・山本，1996；Cuvo & Davis, 1998；Duker et al., 2004；Flannery & Horner, 1994；井上・井上・菅野，1995；Johnson & Cuvo, 1981；MacDuff, Krantz, & McClannahan, 1993；高畑・武蔵，1999）。しかし、これらの研究は、指導者とのやりとりで展開される個別指導を対象としたものであり、小集団指導での効果的な手続きについての知見は得られていない。

2 係による課題遂行機会の設定

小集団指導では、対象児全員に一斉に教示する機会だけではなく、対象児個々に対して順番に教示する個別指示への課題遂行機会が生じる。個別指示のない時間、他児は課題遂行の待ち時間となる。個々への教育的支援に時間をかけたり、逸脱行動の顕著な対象児に多くの時間と労力を割いたりすることで、待ち時間はさらに増加する。この待ち時間の増加は課題中の離席などの逸脱行動の生起を高めることが明らかになっている（小沼，2003）。従って、対象児個々の課題遂行機会を増やすための手続きの検討が必要である。

ITIの研究成果から、小集団指導でも、個別指導と同様に、ITIを短くする、教示ペースを速めることで対象児の課題遂行が促されることが報告されている（Carnine, 1976；Repp & Krash, 1991；Skinner, Adamson, Woodward, Jackson, & Atchison, 1993；Skinner et al., 1994；West & Solan, 1986）。Repp and Krash（1991）は、小集団指導においても、課題中の試行数をいかに増やすかが課題であることを指摘した。そして、小集団指導での教示手続きとして、対象児全員の試行数を増やすために一斉指示を出すこと、個々への

指示を 20 秒ごとに提示することを挙げている。しかし、ITI を短くする、つまり、一斉教示や個別教示のペースを速くする手続きは、対象児の個人差への配慮が求められる小集団指導では困難ではないかと考えられる。加えて、中度・重度の知的障害児では、一斉教示や個別教示に対して求められる課題遂行の難度が高まり、その応答はより困難になると考えられる。

そこで、小集団指導における対象児個々の課題遂行機会を増やす手続きとして、係役割活動（以下、係）の設定が考えられる。係とは、特定の対象児が他児に号令をかけたり司会を行ったりするなどの役割を担う課題内容である。指導者が遂行していた教示や役割を対象児の係として移行することで、対象児の課題遂行機会を設定することができる。実践報告により、小集団指導では、対象児の主体的な課題遂行を高める上で係の設定が重要であることが示されている（北海道教育大学附属養護学校，2005；平岡・喜馬，2006）。係の設定は、指導者からの教示に応える課題の遂行から、主体的に課題遂行をするという意味で教育的意義は高いと考えられる。対象児個々が係を分担し役割を遂行することで集団の一員としての自覚が高まり、同時に集団の中での仲間意識も育つと考えられる。係の設定をどのように導入していくのかについての手続きに関する検討が必要である。

3 対象児同士のやりとり機会の設定

小集団指導の最大の特徴は、課題遂行機会の中で、対象児同士のやりとり機会を設定できることである。対象児同士のやりとり反応は、小集団指導における課題遂行の一つとして捉えることができる。小集団指導を通じた対象児同士のやりとり反応の形成は、知的障害児や自閉症児にとって大切な課題であるが、従来の小集団指導の研究では、指導者と対象児とのやりとりを目標としたものが中心であった（Koegel & Rincover, 1974；Repp & Krash, 1992；清水ら，1984）。

小集団指導を活用して、社会的スキル訓練や集団随伴性という介入パッケージの適用の有効性を示唆する報告は多い（小島，2000；小島，2001；涌

井，2003)。しかし、それらは応用行動分析や行動療法に基づく包括的なパッケージ化された支援方法である (Taras, Matson, & Leary, 1988)。このような方法では、高度な専門的知識や技能の習得が不可欠であり、学校現場への応用可能性は高いとは言い難い（佐藤ら，1986)。関連して、涌井 (2003) は、仲間教授法 (Shafer et al., 1984) や仲間開始法 (Odom & Strain, 1986) のような療育・学校現場等において、対象児同士の上下関係を人工的に作ることに対する抵抗感が強く、あまり実施されていないことを指摘している。仲間教授法や仲間開始法は、教育課程に基づく指導が展開される学校現場の指導文脈には適合しにくいと考えられる。学校現場で多く実施される小集団指導を通じて、対象児同士のやりとり反応を促す手続きについての検討が求められる。

第4節　本研究の目的

　本研究の目的は、知的障害児を対象として、個別指導と小集団指導のそれぞれの指導形態の特徴に応じた先行操作を適用し、対象児の課題遂行に及ぼす効果を明らかにすること、また先行操作に基づく個別指導と小集団指導の各プログラムの在り方について提案することである。なお、本研究では、問題行動や逸脱行動の先行条件の分析に比べて、課題遂行を促進する先行条件の分析は十分ではないという先行研究 (Cameron et al., 1998；平澤，2004) の指摘に基づき、課題遂行の促進に焦点を当てる。課題中の逸脱行動については、課題遂行の促進に伴う副次的な効果として検討する。

　以下、第4章第1節の研究Ⅰ-1では、個別指導において対象児が任意に課題遂行できる試行間間隔の設定が課題遂行に及ぼす効果を検討する。続く第2節の研究Ⅰ-2では、研究Ⅰ-1の結果を踏まえて、対象児の課題遂行を高めるための最適な試行間間隔の設定を検討する。また、第3節の研究Ⅱでは、個別指導のセット間の設定について検討する。第4節の研究Ⅲでは、個別指導において、課題の選択機会を設定し、対象児の選択行動

それ自体が課題遂行を高めるかどうかを検討する。

　第5章第1節の研究Ⅳでは、小集団指導において、教室内の机や椅子の配置、視覚手がかりといった物理的環境設定の改善が対象児個々の課題遂行や逸脱行動に及ぼす効果について検討する。その上で、小集団指導における係の設定が対象児個々の課題遂行機会を増加させるかどうかについて検討する。第2節の研究Ⅴでは、小集団指導における課題遂行機会の中でも、対象児同士のやりとり機会の設定手続きと自発的なやりとり反応を促進させるための手続きについて検討する。

第4章　個別指導における先行操作

第1節　試行間間隔の設定（研究Ⅰ-1）[注]

1　目的

　試行間で対象児が待つ事態が生じず、任意に課題遂行できる試行間間隔（以下、ITI）を設定し、その設定が課題遂行反応（以下、課題遂行）に及ぼす効果について検討する。

　知的障害児2名を対象として、対象児が任意に課題遂行できるITIである対象児任意遂行条件を実施し、課題遂行の潜時2秒以内の反応数、単位時間当たりの試行遂行数、正反応率を検討する。比較条件として、指導者がITIを統制して対象児の課題遂行の完了時から一定間隔を遅延し教示を行う指導者統制教示条件を実施する。対象児任意遂行条件では、指導者統制教示条件に比べて、潜時2秒以内の反応数と単位時間当たりの試行遂行数は増加すると考えた。

2　方法
2-1）対象児

　対象児は、研究協力の同意を得たO1とO2（個別指導 One-to-One Teaching における対象児をOと標記する）の2名であった。O1、O2は、研究開始前

注）本研究の内容は「村中智彦・藤原義博（2005）知的障害児の個別指導における試行間間隔が試行遂行反応に及ぼす効果・行動分析学研究，20，13-27.」において発表した。

第 4 章　個別指導における先行操作

に大学研究センター（以下、センター）の実施する個別指導へ 1 年以上通所していた。

(1) O1

　研究開始時（X 年 11 月）に 10 歳の男児であった。小学部 5 学年に在籍していた。初回相談は研究開始時のほぼ一年前であった。主な相談内容は、在籍のクラスで他児に頭突きをしたり、家庭で母親の髪の毛を引っ張るなどの問題行動への対応であった。6 歳時に「多動を伴う発達遅滞」と診断されていた。研究開始時の様子は以下のとおりである。「おしえて」や「トイレ」など約 10 語の自発要求発語があったが、声量は小さく不明瞭であった。指導者の「○○ちょうだい」や呼名など簡単な言語指示に応じることができた。服を着る、靴を履くなどの日常生活動作はほぼ自立していたが、衣服の前後や靴の左右の弁別はできず、指導者の言語や指差しによる援助が必要であった。津守式乳幼児精神発達質問紙（CA10:7）の結果は、発達年齢 2:0、運動 3:0、探索 1:6、社会 1:3、生活 1:6、言語 1:3 であった。

(2) O2

　研究開始時に 8 歳の男児であった。小学部 3 学年に在籍していた。初回相談は O2 が 5 歳のときで、地域の保育園（年長クラス）に在籍していた。主な相談内容は、衣服の着脱や排泄など身辺自立の技能を促す援助の方法と、異物を口に入れる、道路に飛び出すなどの行動問題への対応であった。この初回相談から継続して（1 年間の中断あり）、筆者らの主催する大学の個別及び集団指導を受けていた。3 歳時に自閉を伴う知的障害の診断を受けていたが、研究開始時において、DSM-Ⅳ（APA, 1994）の自閉性障害に認められる対人的相互反応における質的な障害や反復的、常同的な行動などは顕著ではなかった。有意味な発声や発語はなかったが、「トイレ」や挨拶など約 10 語の動作サインを自発できた。指導者の「○○ちょうだい」や「○○してください」など簡単な言語指示に応じることができた。衣服の着脱は援助なしでおおよそでき、衣服の前後や靴の左右の弁別

もできたが、ボタンやファスナーの操作は手を支えての援助が必要であった。津守式乳幼児精神発達質問紙（CA8:11）の結果は、発達年齢 1:9、運動 4:0、探索 1:9、社会 1:6、生活 1:9、言語 1:3 であった。

2-2）個別指導の設定
(1) 個別指導の設定と課題

　個別指導の実施期間は X 年 6 月初旬～ X + 1 年 3 月中旬であった（このうち、X 年 11 月初旬～ X + 1 年 3 月中旬に実施したセッションを分析対象とした）。

　センター内の個別指導室（5m × 5m）において、机上課題を行う個別のセッションを実施した。指導ペースは週 1 ～ 2 回であった。個別指導は、用意された全ての課題に対象児が取り組んだときに終了した。毎回の指導時間を約 1 時間になるように課題数や内容を構成した。各対象児の弁別学習やコミュニケーション行動の形成を主な目的に、それらのレベルに応じた課題で構成した。O1 では、絵カードの命名、絵と絵または音声と絵のマッチング、文字（ひらがな、数字）のマッチング、色（赤、青、黄色）や形（○、□、△、☆）のマッチング、表現（直線や曲線のなぞり書き、模写）を主なねらいとして、「絵カード」「文字カード」「形ブロック」「書く」という 4 つの課題を設定した。また、O2 では、絵と絵、音声と絵のマッチング、色や形のマッチング、要求の指差しや身体部位（顔と身体の部位）の動作サインの形成を主なねらいとして、「絵カード」「形ブロック」「パズル」「おやつ」という 4 つの課題を設定した。

(2) 指導室の設定

　指導室の設定を Fig.Ⅰ-1 に示した。指導室には、指導者と対象児が対座する机 1 つと椅子 2 つを置いた。また、課題を行う机と約 2m 離れた場所に高さ約 60cm のテーブルを置いた。その上に各課題の教材を入れた整理箱（36cm × 28cm）を置き、整理箱の側に各課題を表す写真カードを入れるカード入れ（縦 15cm ×横 15cm ×高さ 2cm の容器）を置いた。部屋の隅

に記録用のデジタルビデオカメラを三脚で固定して置き、指導の様子を録画した。

課題の開始時や課題間に、指導者は対象児に対して写真カードを手渡して、「絵カード課題を取ってきてください」等と教示し、対象児はテーブルのところに行き、写真カードをカード入れに入れてから教材の入った整理箱を取って戻るという御用学習の設定（肥後ら，1995；平澤・藤原，2002）を取り入れた。

2-3）分析対象とした課題（以下、分析課題）

分析課題として、個別指導の課題の中から、課題手続きの学習が確立し、かつ正反応率が60％以上のものを使用した。これは、課題手続きが未形成で、正反応率の低い課題の場合、これらの変数が課題遂行の生起レベルに大きく影響することや指導者統制教示条件の実施に当たってO1、O2ともに逸脱反応の顕著な増加が予想されたからである。この理由から、本研究では、O1、O2ともに、絵カード課題と形ブロック課題を分析

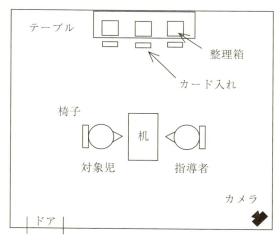

Fig. Ⅰ-1　指導室の設定

課題として採用した。

(1) 絵カード課題

Fig.Ⅰ-2 の上段に示す設定で行った。教材には、O1、O2 ともに、市販の絵カードを利用した。見本及び比較刺激の名詞には、「ズボン」「靴」など身に付ける物、「テレビ」「電話」など家庭にある物、食べ物、「鞄」「椅子」など学校で使用する物など、対象児にとって身近な物を選定した。また、比較刺激の絵カード 5 枚を横一列に並べて置き、その下に見本刺激の絵カード 5 枚を並べて置くための台版を使用した。

O1、O2 ともに、最初のセッションでは、4 セット（名詞 20 種）、見本刺激の絵カード 5 枚と比較刺激の絵カード 5 枚を 1 セットとした。セット数は試行遂行数と正反応率の上昇にもとづいて漸次増やした。最終セッションでは、O1 は 12 セット（名詞 60 種）、O2 は 10 セット（名詞 50 種）を実施した。

O1 の課題の標的反応は、発語による命名とマッチング（絵と絵）とした。O2 の課題の標的反応は、絵カードへの指差しとマッチング（絵と絵）とした。

(2) 形ブロック課題

Fig.Ⅰ-2 の下段に示す教材を使用し、絵カード課題と同様に指導者と対象児が対座して行った。教材には、O1、O2 ともに、○、□、△、☆の 4 種類の形ブロック（木製で、おおよその大きさが縦 5cm × 横 5cm × 厚み 1cm）を使用した。また、各ブロックを入れて分類するために 4 つの枠に区切られたプラスチック製の箱（縦 15cm × 横 60cm × 高さ 10cm）を使用した。比較刺激部分の枠には、それぞれ○、□、△、☆の形を描いたカードを付けた。

形ブロック課題では、□、△、☆については赤、青、黄のブロックを各 3 個ずつ作成した。また、○については、赤、青、黄のブロックを各 4 個作成した。そして、同色のブロックをまとめ、赤ブロック、青ブロック、黄ブロックを各 1 セット（13 個ずつ）用意した。最初のセッションでは、

第4章　個別指導における先行操作

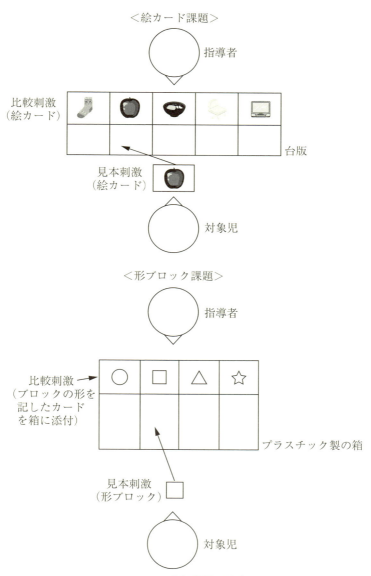

Fig. I-2　分析課題の設定

赤と青のブロックの各1セット（計26個）を使用し、セッションの途中から黄ブロックも取り入れた（計39個）。

O1、O2ともに、課題の標的反応を4種類の形のマッチングとした。

2-4）手続き

研究デザインは、反転計画法（ABABデザイン）（Barow & Hersen, 1984）を適用した。O1、O2ともに、6つのフェイズⅠ～Ⅵで実験を構成し、フェイズⅠ、Ⅲ、Ⅴで指導者統制教示条件を、フェイズⅡ、Ⅳ、Ⅵで対象児任意遂行条件を実施した。

(1) 指導者統制教示条件（count-5-delay、以下、5D条件）

O1、O2ともに、2つの分析課題をセッションの初めに行った。その他の課題は分析課題終了後に行った。絵カード課題と形ブロック課題の遂行順序はセッション毎にランダムにした。

5D条件では、指導者がITIを統制した。Carnine（1976）の遅い条件を参照し、指導者は対象児の正反応（指導者が期待する課題遂行）の完了時より5つ数えて（声に出さず1、2、3、4、5とカウントする）、次試行の教材を提示し教示した。

①絵カード課題：O1の絵カード課題では、O1が台の上に絵カードを置く反応より5つ数えて、次試行の絵カード1枚をO1が手を伸ばして取れる位置に示し、「なあに」という声かけを行った。O1が正しく発語による命名をしたら、発語モデルをフィードバックして、即時に絵カードを手渡した。そして、O1が絵カードを台に置いたときに「そう（だね）」などと短く言語賞賛を行った。誤反応が生じたら、すぐに言語指示や指さしで正反応を教えた。また、O2では、指導者は、絵カードを提示して命名を行った。そして、提示された絵カードへの指差しを標的反応とした。その標的反応が認められたら、発語モデルをフィードバックして、即時に絵カードを手渡した。その他の手続きはO1と同じであった。絵カード課題の平均試行数は、O1で71試行（rangeは40～120試行）、O2で65試行

第4章　個別指導における先行操作

(rangeは40～100試行)であった。

②形ブロック課題：形ブロック課題は、O1、O2ともに、指導者が○、□、△、☆のいずれかのブロック1個を提示し、対象児がそれを取って対応する形の枠に入れる課題であった。形ブロック課題においても、絵カード課題と同様に、指導者がITIを統制した。対象児がブロックの形に対応する枠に正しく入れた直後に短く言語賞賛を行った。形ブロック課題の平均試行数は、O1で36試行（rangeは26～39試行）、O2で34試行（rangeは26～39試行）であった。

なお、2つの課題に共通する手続きとして、1セットの終了後に言語や身体接触による賞賛を行った。

(2) 対象児任意遂行条件（no-delay、以下、ND条件）

ND条件では、対象児の課題遂行の完了の直前に次試行の教材を整えておき、先行する試行の正反応（指導者の期待する課題遂行）への言語賞賛を短く行い、直後に教示を行った。例えば、O1の絵カード課題では、O1が絵カードを台の上に置く直前に、次試行の絵カードを提示しておき、O1が絵カードを正しく台の上に置いたときに「そう（だね）」などと短く言語賞賛を行い、直後に「なあに」と声かけを行った。なお、O1が先行する試行の絵カードを正しく台の上に置いた後、指導者の言語賞賛と教示の前に、次試行の絵カードを発語した場合、すぐに絵カードを手渡して次試行に移行した。その他の手続きは5D条件と同じであった。

形ブロック課題においても、絵カード課題と同様の手続きをとった。対象児が直前の試行のブロックを箱に入れる直前に次試行のブロック1個を準備し、対象児が正しい形の枠に入れた直後に「そう（だね）」などと短く言語賞賛して次試行のブロック1個を提示した。

2-5) 従属変数と分析

(1) 課題遂行の潜時2秒以内の反応数の割合

Carnine（1976）を参照し、対象児の課題遂行のうち、潜時2秒以内の反

応数を評価した。

　O1の絵カード課題では、セッションごとに、指導者が絵カードを提示して「なあに」という声かけを行ってからO1の発語反応（誤反応を含む）が生じるまでの時間が2秒以内であった反応数を記録した。そして、発語反応の潜時2秒以内の反応数の割合を、「発語反応の潜時2秒以内の反応数÷全試行数×100（%）」の式で算出した。また、O2の絵カード課題では、指導者が絵カードを提示してからO2の絵カードへの指差し反応が生じるまでの時間が2秒以内であった反応数を記録し、O1と同様に、潜時2秒以内の反応数の割合を算出した。

　形ブロック課題では、O1、O2ともに、指導者がブロックを提示してから対象児がそれを取る反応が生じるまでの時間が2秒以内であった反応数を記録し、絵カード課題と同様に、潜時2秒以内の反応数の割合を算出した。

　なお、Carnine（1976）は、潜時1秒以内の反応を評価したが、本研究では、2秒以内とした。これは、Carnineの研究では、すべて発語反応を記録していたのに対して、本研究では、発語反応だけでなく、指差し反応や取る反応も含めて記録したからである。このような動作による反応は、発語よりも反応生起までの時間を要することが予測された。実際、潜時の秒数を検討するために行った予備分析では、指差す反応や取る反応が1秒以内に生起する割合は非常に小さく、2秒以内とすることが適切であると判断した。

(2) 1分間当たりの試行遂行数

　セッションごとに、1分間当たりの試行遂行数を、5D条件では「課題中の全試行数÷（試行所要時間（分）－教示の遅延時間（分））」の式で、ND条件では「課題中の全試行数÷試行所要時間（分）」の式で算出した。課題中の全試行数とは、各課題の試行数をセット数で掛けた値である。試行所要時間とは、課題中の試行に要した時間を合算して算出した値である。なお、5D条件では、課題中の教示の遅延時間を合算し、試行所要時間か

第 4 章　個別指導における先行操作

ら差し引いた。
(3) 正反応率
　先行研究（Carnine, 1976；Dunlap et al., 1983；West & Sloan, 1986）を参照し、課題ごとに正反応を評価した。O1 の絵カード課題では、絵カードの名称の発語と絵と絵のマッチングの正反応を記録し、「発語（マッチング）の正反応数÷発語（マッチング）の試行数× 100（％）」の式で算出した。また、O2 の絵カード課題では、絵と絵のマッチングの正反応率を算出した。形ブロック課題では、O1、O2 ともに、マッチングの正反応率を算出した。

2-6）信頼性の査定
　指導者の手続きと、対象児の課題遂行の潜時 2 秒以内の反応数について信頼性の査定を行った。観察者間の一致率を「2 名の観察者の記録が一致した評定の数÷全評定数× 100（％）」により算出した。
(1) 手続きにおける信頼性
　5D 条件では、対象児の課題遂行の完了時より 5 つ数えて次試行の教材を提示する、また、ND 条件では、対象児の課題遂行の完了の直前に、次試行の教材提示を整えておき、先行する試行の対象児の正しい課題遂行への言語賞賛を行った直後に教示するという手続きを査定した。ただし、5D 条件については、研究終了後の録画ビデオの分析結果から、実際には、O1、O2 ともに 2 つの課題を通じて、対象児の課題遂行の完了時よりおおよそ 3 〜 5 秒間遅延させて次試行を提示していたことから、手続きを正しく行っていたか否かは、指導者が対象児の課題遂行の完了時より 3 〜 5 秒遅らせて次試行の教材を提示するという基準により査定した。O1、O2 ともに全セッションの 1/5 のセッションを査定の対象とした。査定対象のセッションは研究期間を通じて均等に配置した。指導者 1 名と研究目的を知らない大学院生 1 名が、独立して録画ビデオを視聴し査定した。秒数の測定にはビデオに記録されたカウンターの値を使用した。

その結果、O1の絵カード課題での一致率は5D条件で平均95.0%（rangeは92.0〜98.0%）、ND条件で100%であった。O1の形ブロック課題では、5D条件で平均98.7%（rangeは97.4〜100%）、ND条件で98.7%（rangeは97.4〜100%）であった。O2の絵カード課題では、5D、ND条件ともに100%であった。O2の形ブロック課題は5D条件で97.3%（rangeは94.5〜100%）、ND条件で100%であった。

(2) 課題遂行の潜時2秒以内の反応数の評定に関する信頼性

(1) と同様の手続きで、課題遂行の潜時2秒以内の反応数を評定した。その結果、O1の絵カード課題での一致率は91.8%（rangeは88.0〜95.0%）、形ブロック課題では97.4%（rangeは92.3〜100%）であった。O2では、絵カード課題、形ブロック課題ともに100%であった。

3 結果

3-1) 課題遂行の潜時2秒以内の反応数の割合

絵カード課題と形ブロック課題における課題遂行の潜時2秒以内の反応数について、O1の結果をFig.Ⅰ-3に、O2の結果をFig.Ⅰ-4に示した。

Fig.Ⅰ-3の上のグラフより、O1の絵カード課題では、課題遂行の潜時2秒以内の反応数の割合は、ND条件において、5D条件よりも高まる傾向が認められた。また、Fig.Ⅰ-4の下のグラフより、形ブロック課題では、研究前半のND条件において5D条件よりも高いレベルで安定する傾向が認められた。

Fig.Ⅰ-4より、O2では、絵カード課題、形ブロック課題ともに、ND条件において、5D条件よりも高いレベルで安定する傾向が認られた。5D条件では、ND条件に比べて、データの変動が明らであった。ただし、両課題ともに、フェイズⅠ〜Ⅵで緩やかな上昇傾向が認められた。

3-2) 1分間当たりの試行遂行数

1分間当たりの試行遂行数について、O1の結果をFig.Ⅰ-5に、O2の結

第 4 章　個別指導における先行操作

果を Fig. I -6 に示した。

　Fig. I -5 の上のグラフより、O1 の絵カード課題の試行遂行数は、前半では、ND 条件において、5D 条件よりも高まる傾向が認められた。ただし、この傾向は明確なものではなかった。フェイズⅣ〜Ⅵにかけて上昇傾向が認められ、また、Fig. I -5 の下のグラフの形ブロック課題では、ND 条件において、5D 条件よりも高まる傾向が認められた。ただし、フェイズⅤの 5D 条件では高い値であった。

　Fig. I -6 より、O2 の絵カード課題では、ND 条件において、5D 条件よりも高まる傾向が認められた。ただし、フェイズⅣの ND 条件では、フェ

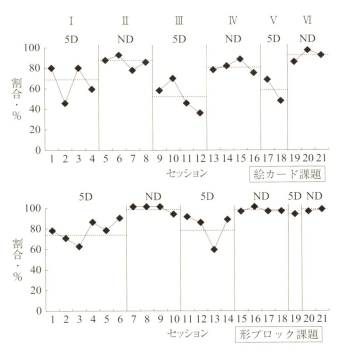

Fig. I -3　潜時 2 秒以内の反応数の割合
5D は「指導者統制教示条件」を、ND は「対象児任意遂行条件」を示すⅠ〜Ⅵはフェイズを示す

イズⅠ、Ⅲ、Ⅴの5D条件と同程度のレベルであった。形ブロック課題では、ND条件において、5D条件よりも高まる傾向が認められたが、フェイズⅢからⅥにかけて同程度のレベルであった。

3-3）正反応率

正反応率について、O1の結果をFig.Ⅰ-7に、O2の結果をFig.Ⅰ-8-に示した。

Fig.Ⅰ-7の上のグラフより、O1の絵カード課題におけるマッチングの正反応率は、フェイズⅠ～Ⅵを通じて100％に近く高いレベルであった。

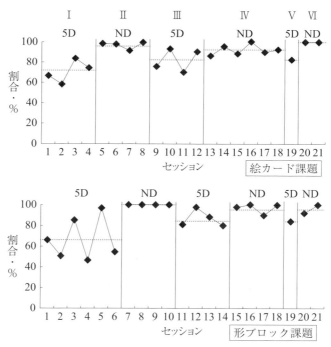

Fig.Ⅰ-4 潜時2秒以内の反応数の割合
5Dは「指導者統制教示条件」を、NDは「対象児任意遂行条件」を示すⅠ～Ⅵはフェイズを示す

第4章　個別指導における先行操作

発語の正反応率は、マッチング正反応率よりも低かったが、発語、マッチングともに、正反応率のレベルは全てのフェイズで高い値を示した。Fig. I-7の下のグラフに示した形ブロック課題におけるマッチングの正反応率のレベルも全てのフェイズで高い値を示した。

　Fig. I-8の上のグラフより、O2では、絵カード課題におけるマッチングの正反応率は全てのフェイズを通じて100％に近く高いレベルであった。また、Fig. I-8の下のグラフに示した形ブロック課題におけるマッチングの正反応率のレベルも、全てのフェイズで高い値を示した。

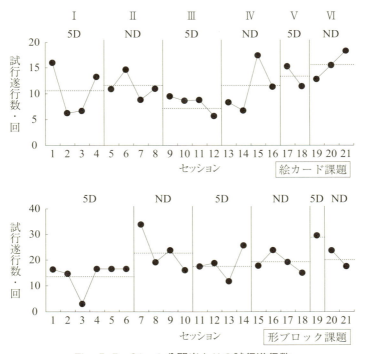

Fig. I-5　O1　1分間当たりの試行遂行数
5Dは「指導者統制教示条件」を、NDは「対象児任意遂行条件」を示す I～VIはフェイズを示す

4 考察

4-1) ITIが課題遂行の潜時と試行遂行数に及ぼす効果

O1の絵カード課題における潜時2秒以内の反応数は、ND条件において、5D条件よりも高まる傾向が明確に認められた。O1の形ブロック課題、O2の2つの課題では、O1の絵カード課題に比べて明確ではないが同様の傾向が認められた。また、各フェイズの傾向を見ると、O1、O2に共通して課題に関係なく、ND条件では高いレベルで安定し、5D条件ではセッション内の変動が大きかった。これらの結果は、ND条件では、5D

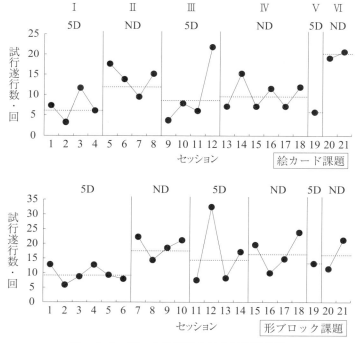

Fig. I-6 O2 1分間当たりの試行遂行数
5Dは「指導者統制教示条件」を、NDは「対象児任意遂行条件」を示す I 〜Ⅵはフェイズを示す

第4章 個別指導における先行操作

条件に比べて、課題遂行の潜時2秒以内の反応数は増加するという仮説を支持している。

また、1分間当たりの試行遂行数は、研究前半では、5D条件よりも、ND条件において高いレベルであった。そして、後半では、対象児ごと、課題ごとに異なる傾向が認められた。特に、O2の絵カード課題では、フェイズⅥにおいて高いレベルであったが、O1の2つの課題、O2の形ブロック課題では、条件に関係なく上昇傾向が認められるか同じレベルであった。

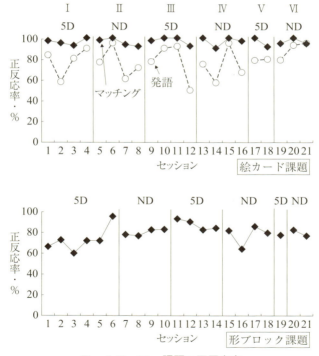

Fig. Ⅰ-7　O1 課題の正反応率
5Dは「指導者統制教示条件」を、NDは「対象児任意遂行条件」を示すⅠ〜Ⅵはフェイズを示す

このような ND 条件において、5D 条件よりも潜時の短い課題遂行が増加する傾向はなぜ生じたのであろうか。

　ND 条件では、対象児は先行の試行を完了したときに、すぐに次の試行に移行できた。一方、5D 条件では、対象児は課題の遂行を待たなければならなかったため、指導者が教示を遅延している間に、対象児がチョーダイ動作をしたり、教材に手を伸ばそうとしたり、教示の前に発語するなど、多様な反応が頻繁に観察された。このような対象児の反応に対して、指導者は、「待ってね」と言い、遂行させないで教示を待つように指示し

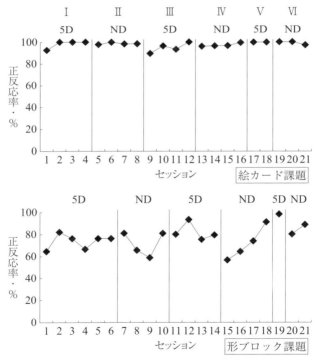

Fig. Ⅰ-8　02　課題の正反応率
5D は「指導者統制教示条件」を、ND は「対象児任意遂行条件」を示す　Ⅰ～Ⅵはフェイズを示す

第4章　個別指導における先行操作

た。この指示により、着席したまま指導者や教材から視線を逸らしたり、着席の姿勢を崩すなどの反応が何度も観察された。この手続きが、このような対象児の課題遂行の生起を消去する働きを持っていたため、課題遂行の教示に対してすぐに課題に取り組む反応を生起させることができなかったと考えられる。

4-2）ITI が課題遂行の正反応率に及ぼす効果

正反応率では、O1、O2 ともに、条件間の差異が認められなかった。この結果は、West and Sloan（1986）や Valcante et al.（1989）の知見と一致する。先行研究では、ITI が正反応率に及ぼす効果の知見は分かれており、本研究の結果は、ITI の操作それ自体が正反応率の上昇に直接的な影響を持たないことを示している。

4-3）残された課題

(1) 課題遂行を高める最適な ITI の設定条件の検討

本研究では、先行研究の知見から、ITI を短くする条件ではなく、対象児が課題遂行しようとすればいつでも遂行できる ND 条件を設定した。その結果、ND 条件では、2秒という潜時の短い反応数は増加した。次に検討すべき課題は、本研究で得られた結果が、対象児が任意に課題遂行できるという ITI の設定に起因したのか、単に比較条件であった5カウントよりも短かったことに起因したのかを明らかにすることである。

(2) ITI の条件に伴う逸脱反応と課題遂行との関連

上述したように、O1、O2 ともに、5D 条件では、教示を遅延している間に、対象児の多様な反応が観察された。対象児の遂行すべき活動のない ITI が長くなることで、逸脱反応の生起は高まり、逸脱反応の生起が課題遂行の低下を招くのではないかと推測される。

しかしながら、このような ITI の設定条件に伴う逸脱反応と課題遂行との関連についての実証的知見は見当たらない。ITI を先行条件に位置づけ

る場合、逸脱反応の低減だけでなく、適切な課題遂行の促進が問われる。従って、ITIの条件に伴うそれらの反応間のメカニズムの解明が必要である。

(3) 課題難度の統制

本研究の結果から、ITIの操作それ自体は、正反応率の上昇に直接的な影響を持たないと考えられる。ただし、研究結果では、O1、O2ともに、絵カード課題におけるマッチングの正反応率は全フェイズを通じて100％に近かった。つまり、研究条件に関係なく、正反応率が天井効果を示し、課題の難度を統制できていなかった。課題の難度を反映する正反応率を統制した上で、ITIと課題遂行との関連を検討することが必要である。

第2節　最適な試行間間隔の設定（研究Ⅰ-2）注)

1　目的

本節では、個別指導において、対象児の逸脱反応を防ぎ、課題遂行を高める最適なITIの設定について検討する。

知的障害児2名の机上課題において、3つの異なるITIの条件を実施し、課題遂行と逸脱反応への効果と両反応の関連を分析する。ITIの設定として、対象児が任意に課題遂行できる条件（ND条件）と5カウントの間隔で教示を遅延する条件（5D条件）、実際の個別指導を想定した3カウントの間隔で教示を遅延する条件（count-3-delay、以下、3D条件）を実施する。そして、条件間で潜時2秒以内の課題遂行の反応数と逸脱反応の割合を比較する。ND条件では3D条件と5D条件よりも、また、3D条件では5D条件よりも潜時2秒以内の課題遂行の反応数が増加すること、3D条件と5D条件ではND条件よりも逸脱反応の生起は高まり、この逸脱反応の生

注）本研究の内容は「村中智彦・藤原義博（2007）知的障害児の個別指導における最適な試行間間隔の設定－課題遂行反応と逸脱反応に及ぼす効果から－．行動分析学研究，21, 58-75.」において発表した。

第4章　個別指導における先行操作

起が課題遂行を低下させると予測した。また、研究Ⅰ-1では、ITIの条件に関係なく正反応率が高かったという課題の難度を統制できていないという課題が残された。そこで、本節では、見本合わせの難度が異なる絵カード課題と単語カード課題の2つの遂行事態においてITIを操作した。

2　方法
2-1）対象児
研究協力の同意を得たO2とO3の2名であった。O2は、研究Ⅰ-1に引き続いて参加してもらった。

(1) O2

O2は、3歳時に自閉を伴う知的障害の診断を受け、研究開始時（平成X年6月）に10歳の男児であった。小学部4学年に在籍していた。本研究の開始時の様子では、有意味な発語はなかったが、「トイレに行く」「勉強（個別指導）をする」など約10語の動作サインを指導者の動作モデルで自発できた。個別指導において、課題手続きの未学習や難度の高い課題になると教材を口に入れる、課題を遂行せずに椅子や机に脚を上げるという逸脱反応が目立って認められた。津守式乳幼児精神発達質問紙（CA10:1）は、発達年齢1:9、運動4:0、探索1:9、社会1:6、生活1:9、言語1:3であった。

(2) O3

O3は、3歳時に多動を伴う知的障害の診断を受け、8歳の男児であった。小学部3学年に在籍していた。センターに初めて訪れたのは6歳で地域の保育所（年長クラス）に在籍していた。初回時の相談は、視線があわない、コミュニケーションがとれない、動き回るなどの行動への対応であった。年長時の1年間、センターで行う指導に参加してもらった。研究開始時、欲しい物を要求するとき、自発的に対象物に手差しを示して「アー」などの発声がときどき観察されたが、指導での音声模倣課題は全くできなかった。「トイレに行く」など約20語の動作サインを自発でき

た。O2と同様に、個別指導において、課題手続きの未学習や難度の高い課題で教材を折り曲げる、離席して部屋の物を触るという逸脱反応が目立って認められた。津守式幼児精神発達質問紙（CA9:2）は、発達年齢3:3、運動5:0、探索3:0、社会2:0、生活3:6、言語1:9であった。

2-2）個別指導の設定

X年6月〜X+1年3月の10ヶ月間、センターの指導室（5m × 5m）で個別指導のセッションを実施した。指導のペースは週1回であった。セッションは、O2とO3及び、他の2名が加わる小集団指導のあとに行った。セッション数は、O2では39セッション、O3では41セッションであった。

指導室の設定は研究Ⅰ-1と同じであった。O2の課題目標は、絵と絵、音声と絵、平仮名と絵の見本合わせ、動作サインの理解と表出とし、「絵カード課題」「単語カード課題」「動作課題」の3課題で構成した。O3の課題目標は、O2の課題目標に加えて、音声と単語の見本合わせと音声模倣とし、「絵カード課題」「単語カード」「言葉カード」の3課題で構成した。セッションは、対象児が全ての課題を遂行したときに終了した。小集団指導との関連から、セッション時間を約30分となるように課題量を設定した。

2-3）分析課題

研究開始前に予備セッション5回を実施した。その目的は、分析課題とする見本合わせの難度を調べること、カードや課題箱の受け渡しを中心とした課題手続きを形成することであった。そして、O2、O3ともに、正反応率が80％以上であった難度の低い絵と絵の見本合わせ課題（絵カード課題）、正反応率が60％以下であった難度の高い単語と絵の見本合わせ課題（単語カード課題）の2つを分析課題とした。Fig.Ⅰ-9は、絵カード課題の設定を示したものである。言語刺激には市販の絵カードを使用し、他に台

第4章　個別指導における先行操作

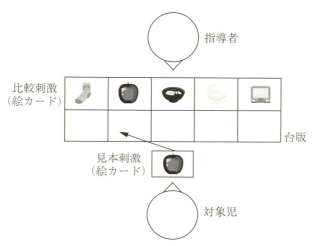

Fig. I -9　01　実験課題の設定

版（5×2の10枠）を使用した。言語刺激には、ズボンや靴など身に付ける物、テレビなど家庭にある物、食べ物、鞄や椅子など学校で使用する物など、対象児にとって身近であると思われる名詞を選定した。また、単語カード課題も同様の設定で実施し、その際の見本刺激には単語（平仮名）カードを用いた。

　セッションでは、最初にこれらの分析課題を行い、そのあと他の個別課題を行った。分析課題の遂行順序はセッション毎にランダムとした。セッション1～2の絵カード課題では、見本刺激の絵カード10枚と比較刺激の絵カード10枚の計20枚を使用し、10試行を行った。セッション3以降では、25試行を基準としたが、セッション時間の制限から試行数を変更することもあった。単語カード課題も同様であった。O3では、セッション23以降、絵カードや単語カードを折る、離席する逸脱反応が増加したために試行数を減らした。O2の平均試行数は、絵カード課題で19試行（rangeは10～25試行）、単語カードで17試行（rangeは10～25試行）、O3の平均試行数は絵カード課題で18試行（rangeは10～25試行）、単語

63

カードで16試行（range は10～25試行）であった。

2-4) 手続き

ITI という特定の独立変数の量的な相違が従属変数に及ぼす効果を検討することから、岩本・川俣（1990）の A-B1-A-B2-A デザインを参照し、B-A1-B-A2-B デザインを適用した。B は ND 条件、A1 は 5D 条件、A2 は 3D 条件であった。ND 条件を最初に実施したのは、ITI の短い ND 条件が 5D や 3D 条件よりも対象児の課題遂行を高め逸脱反応を低減することを予測したからであった。O2 では、11 のフェイズで研究を構成し、フェイズⅠ、Ⅲ、Ⅴ、Ⅶ、Ⅸ、ⅩⅠで ND 条件、フェイズⅡ、Ⅵ、Ⅹで 5D 条件、フェイズⅣ、Ⅷで 3D 条件を実施した。O3 では、9 フェイズで構成し、フェイズⅠ、Ⅲ、Ⅴ、Ⅶ、Ⅸで ND 条件、フェイズⅡ、Ⅵで 5D 条件、フェイズⅣ、Ⅷで 3D 条件を実施した。

(1) ITI を 0 秒として教示を遅延しない条件（ND 件）

研究Ⅰ-1 で実施した ND 条件の手続きを用いた。なお、誤反応が生じたら、すぐに言語指示や指さしで正反応を教えた。対象児が離席したら、離席後 10 秒ごとに、「椅子に座ってください」の言語指示、椅子を指さしながらの言語指示、身体を持って椅子に座らせる段階的指示を行い着席を促した。

(2) 3 カウントの間隔で教示を遅延する条件（3D 条件）

対象児の正反応の完了時から 3 つ数えて次の試行の教材を提示した。その他は 5D 条件と同じであった。

(3) 5 カウントの間隔で教示を遅延する条件（5D 条件）

研究Ⅰ-1 で実施した 5D 条件の手続きを用いた。

2-5) 従属変数と分析

(1) 正反応率

絵カード課題における正反応を、指導者が提示した 1 枚の見本刺激の絵

第4章　個別指導における先行操作

カードに右手を伸ばして取り、それを台版に置かれた 5 枚の比較刺激の絵カードの中から同じ絵柄のものの下に正しく置く反応とした。単語カード課題も同じで、見本刺激が単語カードであった。なお、O2、O3 ともに、カードを取る反応とそれを台版上に置く反応は研究開始前に形成されていた。

絵カード課題では難度が低く、単語カード課題では難度が高いという課題難度の統制を調べるために課題の正反応率を評価した。課題の正反応率を「正反応数÷試行数× 100（％）」の式で算出した。

(2) 課題遂行の潜時 2 秒以内の反応数の割合

絵カード課題、単語カード課題ともに、カードを取る反応とカードを台版に置く反応の 2 つを分析対象とした。カードを取る反応では、指導者が見本刺激のカード 1 枚を提示してから対象児がそれを取るまでの秒数を録画ビデオのカウンターを目安に記録した。カードを台版に置く反応では、対象児がカードを取ってから台版に置くまでの秒数を記録した。セッションごとに、各反応の潜時 2 秒以内の反応数の割合を「反応の潜時 2 秒以内の反応数÷全試行数× 100（％）」の式で算出した。

(3) 逸脱反応の割合

O2 では、離席反応とカードや指を口に入れる反応を分析対象とした。離席反応を、指導者の許可なく椅子から身体が離れる反応と定義した。カードや指を口に入れる反応を、教材や自分の指を 3 秒間連続して口に入れる、噛む、なめる反応と定義した。ビデオ録画をもとに、10 秒の部分インターバルレコーディング記録法（Alberto & Troutman, 1999）を使用し、課題中に当該反応の生じた割合を「当該反応の生じたインターバル数÷総インターバル数× 100（％）」の式で算出した。O3 では、離席反応とカードを折る・口に入れる反応を分析対象とし、O2 と同様に処理した。

2-6) 信頼性の査定

(1) 手続きにおける信頼性

　筆者と研究目的を知らない学生1名が独立して録画テープを視聴し、3D条件と5D条件で実際に教示を遅延した秒数をテープカウンターで測定した。O2、O3ともに3D条件と5D条件のセッションの1/3を対象とした。O2の絵カード課題の3D条件では3.2秒（rangeは3.1～3.2秒）、5D条件では平均5.4秒（rangeは4.8～5.7秒）、単語カード課題の3D条件では2.8秒（rangeは2.6～2.9秒）、5D条件では5.3秒（rangeは5.1～5.6秒）であった。O3の絵カード課題の5D条件は平均5.4秒（rangeは4.6～6.5秒）、3D条件は3.0秒（rangeは2.9～3.0秒）、単語カード課題の5D条件は5.5秒（rangeは5.3～5.9秒）、3D条件は2.8秒（rangeは2.2～3.0秒）であった。

(2) 従属変数

　筆者と学生1名で観察者間の一致率を算出した。全セッションの1/5を対象とした。「2名の観察者の記録が一致した評定数÷全評定数×100（％）」で算出した。O2の絵カードを取る反応では平均95％、台版に置く反応では平均93％であった。O3の絵カードを取る反応では平均97％、台版に置く反応では平均93％であった。また、O2及びO3の単語カードを取る反応と台版に置く反応では、いずれも平均92％以上で高い値であった。O2の絵カード課題の離席反応では100％、カードや指を口に入れる反応では平均93％であった。また、O3の絵カード課題の離席反応では平均98％、カードを折る・口に入れる反応では平均95％であった。O2の単語カードの離席反応とカードや指を口に入れる反応、O3の離席反応とカードを折る・口に入れる反応では、いずれも平均92％以上で高い値であった。

第 4 章　個別指導における先行操作

3　結果
3-1）正反応率

　正反応率について、O2 の結果を Fig.Ⅰ-10 に、O3 の結果を Fig.Ⅰ-11 に示した。Fig.Ⅰ-10 の上のグラフより、O2 の絵カード課題における正反応率は、全フェイズを通じて 100％に近く高いレベルであった。Fig.Ⅰ-10 の下のグラフより、単語カード課題における正反応率は、全フェイズを通じて 20 ～ 60％であった。O3 では、Fig.Ⅰ-11 より、絵カード課題の正反応

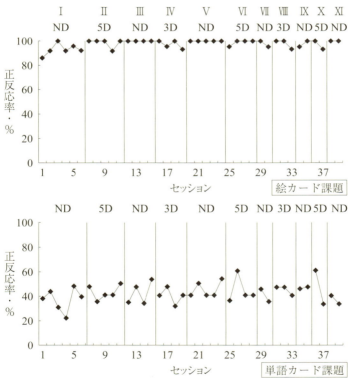

Fig.Ⅰ-10　O2　マッチング正反応率
　ND は ND 条件を、5D は 5D 条件を、3D は 3D 条件を示す Ⅰ～Ⅺはフェイズを示す

率は同様に100％に近かった。また、単語カード課題の正反応率は、O2よりも高く、全フェイズを通じて30〜70％であった。

3-2) 課題遂行の潜時2秒以内の反応数の割合

カードを取る反応の潜時2秒以内の反応数について、O2の結果をFig. Ⅰ-12に、O3の結果をFig. Ⅰ-13に示した。また、カードを台版に置く反応について、O2の結果をFig. Ⅰ-14に、O3の結果をFig. Ⅰ-15に示した。

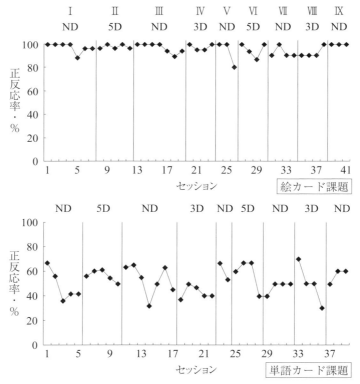

Fig. Ⅰ-11　O3 マッチング正反応率
NDはND条件を、5Dは5D条件を、3Dは3D条件を示すⅠ〜Ⅸはフェイズを示す

第4章　個別指導における先行操作

なお、図中の横線（破線）は、各フェイズ内の平均値を算出しそれを示したものである。

O2では、絵カード課題における潜時2秒以内の反応数の割合は、ND条件において、5D条件と3D条件よりも高く、100％に近いレベルで安定する傾向が認められた（Fig. I-12上段）。この傾向は単語カード課題でも認められた（Fig. I-12下段）。絵カードを台版に置く反応は、フェイズⅩ（5D条件）で低いレベルであったが、他のフェイズでは高いレベルであっ

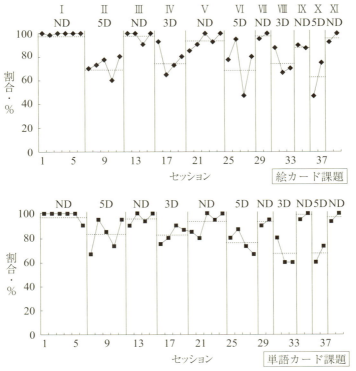

Fig. I-12　O2　カードを取る反応の潜時2秒以内の反応数の割合
NDはND条件を、5Dは5D条件を、3Dは3D条件を示す　Ⅰ～Ⅺはフェイズを示す
図中の横線（破線）は各フェイズ内の平均値を示す

た（Fig.Ⅰ-14上段）。この傾向は単語カードを台版に置く反応でも認められた（Fig.Ⅰ-14下段）。O2の単語カード課題では、単語カードを取るとすぐに台版の真ん中に置いた。その際、誤反応に対する指導者の文字カードを読む、指さしのプロンプトにより正しく置き直す反応が頻繁に認められた。

　O3の絵カード課題における反応は、ND条件において、5D条件と3D条件よりも高く、100％に近いレベルで安定する傾向が認められた（Fig.Ⅰ

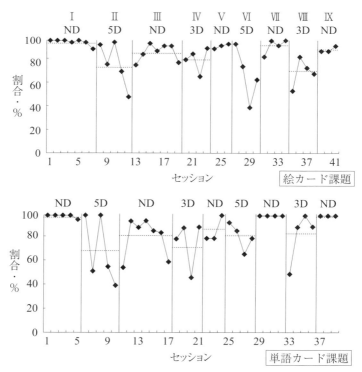

Fig.Ⅰ-13　O3　カードを取る反応潜時2秒以内の反応数の割合
NDはND条件を、5Dは5D条件を、3Dは3D条件を示すⅠ～Ⅸはフェイズを示す
図中の横線（破線）は各フェイズ内の平均値を示す

第 4 章　個別指導における先行操作

-13 上段)。ただし、フェイズⅣの 3D 条件では、セッション 22 で低かったが、その他のセッションでは ND 条件と同じレベルであった。単語カード課題における反応では、ND 条件において 80％以上の高いレベルを示し、フェイズⅠ、Ⅶ、Ⅸでは安定する傾向が顕著であった（Fig.Ⅰ-13 下段）。また、フェイズⅡの 5D 条件では、データの変動が認められ、フェイズⅥの 5D 条件では下降傾向が認められた。3D 条件のフェイズⅣ、Ⅷでは、低い値も認められたが、5D 条件と同じレベルであった。O3 の絵カードを

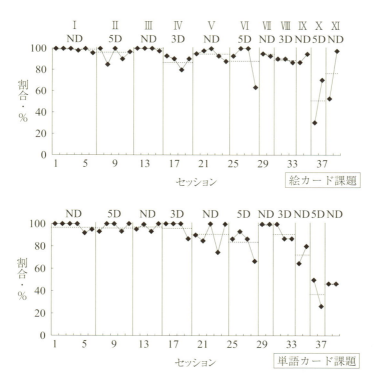

Fig.Ⅰ-14　O2　潜時 2 秒以内に台版に置く反応の割合
ND は ND 条件を、5D は 5D 条件を、3D は 3D 条件を示すⅠ〜Ⅺはフェイズを示す
図中の横線（破線）は各フェイズ内の平均値を示す

台版に置く反応は、前半のフェイズⅠ～Ⅳで下降傾向が認められた（Fig.Ⅰ-15上段）。研究後半のフェイズⅤ～Ⅸでは、ND条件において、5D条件と3D条件よりも高い傾向が認められた。この傾向は単語カードを台版に置く反応でも認められた（Fig.Ⅰ-15下段）。

3-3）逸脱反応の割合

離席反応について、O2の結果をFig.Ⅰ-16に、O3の結果をFig.Ⅰ-17に

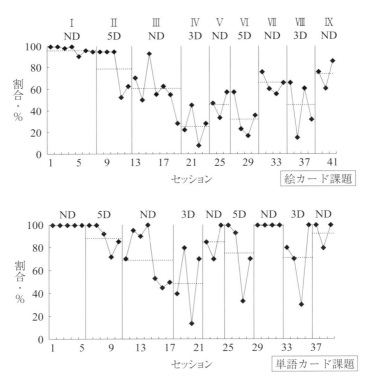

Fig.Ⅰ-15　O3　潜時2秒以内に台版に置く反応の割合
NDはND条件を、5Dは5D条件を、3Dは3D条件を示すⅠ～Ⅸはフェイズを示す
図中の横線（破線）は各フェイズ内の平均値を示す

第4章　個別指導における先行操作

示した。また、O2 のカードや指を口に入れる反応の結果を Fig.Ⅰ-18 に、O3 のカードを折る・口に入れる反応の結果を Fig.Ⅰ-19 に示した。

　O2 における絵カード課題の離席反応は、全フェイズを通じて 0％に近く低いレベルであったが、フェイズⅡ、Ⅵの 5D 条件で高い傾向にあった（Fig.Ⅰ-16 上段）。同様に、単語カード課題の離席反応も、全フェイズを通じて 0％に近く低いレベルであったが、フェイズⅡ、Ⅵの 5D 条件とフェイズⅧの 3D 条件で高い傾向にあった（Fig.Ⅰ-16 下段）。絵カード課題のカードや指を口に入れる反応は、全体を通じて緩やかな上昇傾向が認めら

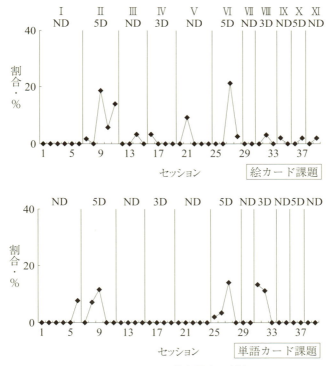

Fig.Ⅰ-16　O2　離席反応の割合
ND は ND 条件を、5D は 5D 条件を、3D は 3D 条件を示すⅠ～Ⅺはフェイズを示す

れた（Fig. Ⅰ-18上段）。フェイズ内の傾向を見ると、フェイズⅡの5D条件で上昇、フェイズⅢのND条件で下降、フェイズⅣの3D条件で上昇、フェイズⅤのND条件で下降傾向が認められた。研究後半のフェイズⅧ〜Ⅺにおいても、3D条件と5D条件において、ND条件よりも高いレベルであった。単語カード課題のカードや指を口に入れる反応も、全体を通じて緩やかな上昇傾向が認められた（Fig. Ⅰ-18下段）。ただし、5D条件と3D条件において、ND条件よりも高まる傾向が認められた。

O3の絵カード課題の離席反応は、全体を通じて0〜20%の低いレベル

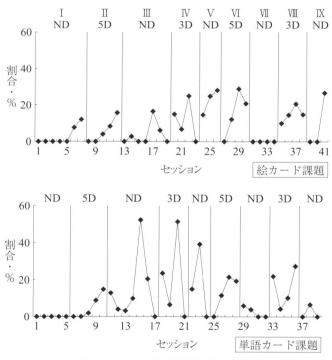

Fig. Ⅰ-17 O3 離席反応の割合
NDはND条件を、5Dは5D条件を、3Dは3D条件を示すⅠ〜Ⅺはフェイズを示す

第4章 個別指導における先行操作

であったが、研究後半のフェイズⅥ～Ⅸでは、5D条件と3D条件において、ND条件よりも高まる傾向が認められた（Fig.Ⅰ-17上段）。単語カード課題の離席反応においては、絵カード課題に比べて離席反応は変動が大きかった。また研究後半では低くなったが、5D条件と3D条件において、ND条件よりも高まる傾向が認められた（Fig.Ⅰ-17下段）。絵カード課題のカードを折る・口に入れる反応は、フェイズⅠのND条件で0%と低かったが、フェイズⅡ～Ⅳで上昇傾向が認められた。それ以降のフェイズⅤ～

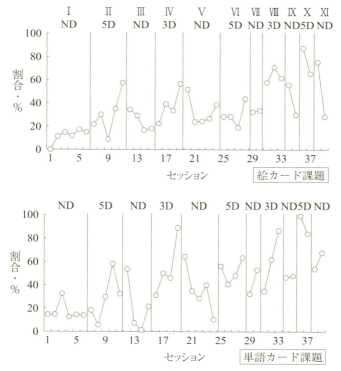

Fig.Ⅰ-18 02 カードや指を口に入れる反応の割合
NDはND条件を、5Dは5D条件を、3Dは3D条件を示すⅠ～Ⅺはフェイズを示す

Ⅸでは、5D条件と3D条件において、ND条件よりも高まる傾向が認められた（Fig.Ⅰ-19上段）。これらの傾向は、単語カード課題の反応でも認められた（Fig.Ⅰ-19下段）。

4　考察
4-1）ITIが課題遂行と逸脱反応に及ぼす効果

正反応率の結果では、O2、O3ともに、全セッションを通じて難度の低い絵カード課題の正反応率は高く、難度の高い単語カード課題の正反応率

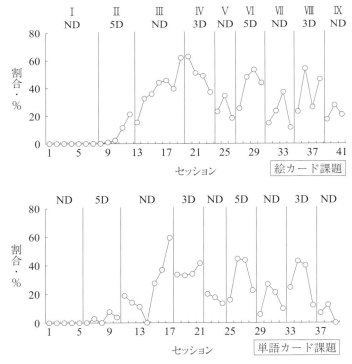

Fig.Ⅰ-19　O3　カードを折る・口に入れる反応の割合
NDはND条件を、5Dは5D条件を、3Dは3D条件を示すⅠ～Ⅺはフェイズを示す

第4章　個別指導における先行操作

は低かった。これらの結果から、分析課題の難度は統制されていたと考えられる。

　まず、ITI が課題遂行に及ぼす効果について述べる。O2 では、両課題に共通して、潜時 2 秒以内のカードを取る反応数の割合は、ND 条件で高いレベルを示し、3D 条件と 5D 条件で低下する傾向が顕著であった。O3 では、絵カード課題での反応は ND 条件で高く、3D 条件と 5D 条件で低下した。単語カード課題での反応は ND 条件と 3D 条件で高く、5D 条件で低下する傾向が認められた。O3 では、両課題に共通して、カードを台版に置く反応は研究後半の ND 条件において、3D 条件と 5D 条件よりも高まる傾向が認められた。

　以上の結果は、2 名の対象児で若干の差異は認められるが、課題の難度に関係なく、ND 条件において、3D 条件と 5D 条件よりも潜時 2 秒以内の反応数は増加するという仮説を支持している。

　次に、逸脱反応に及ぼす効果について、O2 では、両課題に共通して、カードや指を口に入れる反応のレベルが、研究後半の 3D 条件と 5D 条件で高かった。フェイズ内の傾向を見ると、顕著ではないが、3D 条件と 5D 条件で上昇し、ND 条件で下降する傾向が認められた。O3 でも、両課題に共通して、カードを折る・口に入れる反応が、研究後半の 3D 条件と 5D 条件で ND 条件よりも高まる傾向が認められた。離席反応では、O2、O3 ともに、3D 条件と 5D 条件で高いセッションが認められた。これらの結果は、課題の難度に関係なく、3D 条件と 5D 条件において、ND 条件よりも逸脱反応の生起は高まるという仮説を支持している。

　本研究では、実際の個別指導を想定し、教示が少し遅れる事態と位置づけた 3D 条件を実施した。その結果、3D 条件と 5D 条件の条件間では課題遂行と逸脱反応の差異は認められなかった。課題遂行では、O2 のカードを取る、O3 のカードを取る・台版に置く反応は、3D 条件と 5D 条件の両方で低下した。逸脱反応では、O2 のカードや指を口に入れる、O3 のカードを折る・口に入れる反応は、3D 条件と 5D 条件の両方で高まった。こ

れらの結果は、教示が遅延時間の短い 3D 条件において、それよりも長い 5D 条件よりも潜時 2 秒以内の反応数が増加し、逸脱反応が低減するという仮説を支持しないことを示している。

4-2）ITI が課題遂行と逸脱反応に及ぼす効果に関わる要因

　ND 条件では、対象児のカードを取る・台版に置くという課題遂行の完了時には次の試行のカードが提示された。この手続きによって、対象児はすぐに次の試行に移行できた。このような課題遂行完了後すぐに次の試行に移行できるという状況は、カードを取る・台版に置く反応そのものの生起を高める強化機能を持つと考えられる。ND 条件では、カードを取る・台版に置く反応に対して指導者が特に言語賞賛を行わなくても、反応の生起は高く維持されていた。

　また、ND 条件では、3D 条件や 5D 条件よりも、逸脱反応は少なかった。この結果は、両立しない反応の分化強化手続きからも説明できる。両立しない反応の分化強化手続きとは、低減対象とされる不適切行動と身体的に両立しえない適切な行動の遂行に正の強化刺激を随伴する分化強化手続きである（Jones & Baker, 1990）。つまり、ND 条件では、カードを取る・台版に置くという適切な課題遂行が強化され、身体的に両立しえない逸脱反応は選択されなかったといえる。

　一方、遅延手続きのある 3D 条件と 5D 条件では、その遅延時間は異なるものの、対象児のカードを取る・台版に置くという課題遂行完了時に次の試行のカードは提示されなかった。これによって、対象児は、指導者によるカードの提示を待たなければならなかった。課題遂行完了後すぐに次の試行に移行できないという状況は、カードを台版に置く反応を消去する機能を持っていたと考えられる。

　3D 条件と 5D 条件では、研究後半になって、指導者が教示を遅延しているときに、対象児が指導者の持っているカードに手を伸ばして取ろうとしたり、ND 条件では認められなかった「ちょうだい」の動作サインを繰

り返したりというカードに対する要求反応の増加や新たな反応の生起が認められるようになった。これは消去バーストの表れと考えられる。消去バーストとは、消去の過程で強化されなくなった反応が、頻度、持続時間、強度の面でそれが強まるという現象であり、その特徴の一つとして、ある反応が強化されなくなったとき、新しい反応が一時的に生じることが示唆されている（Miltenberger, 2001）。つまり、ND条件において、課題遂行完了後すぐに次の試行に移行できることで強化されていた課題遂行は、3D条件と5D条件の遅延手続きによって強化されなくなり、上述したカードに対する要求反応の増加やND条件では認められなかった新たな反応の生起を導いたのではないかと考えられる。本研究の結果は、ITIにおける遅延手続きが逸脱反応の生起を高め、この逸脱反応の生起が課題遂行の低下を導くことを示している。

第3節　セット間の設定（研究Ⅱ）[注]

1　目的

　個別指導のセット間において、対象児が課題準備を遂行することに伴うセット間の逸脱反応に及ぼす効果、及び試行時間における逸脱反応と課題遂行に及ぼす効果を検討する。

　セット間の設定として、指導者が課題準備を遂行する条件と対象児がそれを遂行する条件を実施し、セット間と試行時間ごとの逸脱反応の生起率、試行時間における試行遂行数と正反応率を比較した。指導者遂行条件では、対象児遂行条件に比べてセット間で逸脱反応の生起が高まること、また、試行時間における逸脱反応の生起が高まり、試行遂行と正反応が低下することを予測した。

注）本研究の内容は「村中智彦・藤原義博（2010）知的障害児の個別指導の在り方に関する検討－課題準備行動が逸脱行動の生起に及ぼす効果から－．上越教育大学研究紀要，29，187-197．」において一部発表した。

なお、試行間間隔（ITI）の設定では、研究Ⅰ-1と研究Ⅰ-2の結果に基づいて、ITIの設定として、対象児が任意に課題遂行できる条件（ND条件）を実施した。

2 方法
2-1）対象児
　研究Ⅰ-1で協力してもらったO1とO2の2名であった。研究開始時に、O1は10歳、O2は8歳であった。

2-2）個別指導の設定
　研究期間はX年6月初旬〜10月下旬であった。個別指導室の設定は、研究Ⅰ-1と同じであり、週1〜2回、約1時間の机上課題を行うセッションを実施した。

2-3）分析課題
　各対象児の見本合わせ学習のレベルに応じた分析課題を以下のように選定した。O1では、「絵カード課題」「文字カード課題」「色形パズル課題」の3つであった。課題内容は、絵、文字、色、形の命名やマッチングであった。O2では、「カード課題」「色形パズル課題」の2つであった。課題内容は、絵、文字カード、パズルに対する指さしによる要求行動の形成、絵や文字、色や形のマッチングであった。なお、研究前に、分析課題の手続きを形成するための5回の予備セッションを実施した。

2-4）手続き
　反転計画法（ABABデザイン）（Barow & Hersen, 1984）を適用した。O1では4つのフェイズⅠ〜Ⅳで研究を構成し、フェイズⅠ、Ⅲで指導者遂行条件、フェイズⅡ、Ⅳで対象児遂行条件を実施した。1つのフェイズで5セッションを実施した。また、O2では5つのフェイズⅠ〜Ⅴで構成し、フェ

イズⅠ、Ⅳで指導者遂行条件、フェイズⅡ、Ⅲ、Ⅴで対象児遂行条件を実施した。

1セッションの中で、O1は絵カード課題、文字カード課題、色形パズル課題の3課題を、O2はカード課題、色形パズル課題の2課題を実施した。各課題の遂行順序は、セッションごとにランダムにした。

(1) 指導者遂行条件（以下、A条件）

課題は、準備、試行、片付けの順で実施され、A条件では、指導者がセット間の準備と片付けを行った。準備と片付けとは、例えば、試行に使用するための絵カード10枚を輪ゴムで束ねる、輪ゴムを外す、台紙上の絵カードを取り除くなどであった。課題準備の際に、対象児が教材に手を伸ばして取ろうとした場合には、「待ってください。先生が準備（片付け）をやります」と言って、対象児の手を机か膝の上に置かしてから準備と片付けを行った。1セッションで4～13セット実施した。正反応率の上昇に応じてセット数を漸次増やした。その他の課題も、絵カード課題と同様に、指導者が準備と片付けを行った。

各課題に共通する手続きとして、カードやパズル切片の提示手続きでは、指導者は、先行する試行の課題遂行完了直前に次の試行の教材提示を整えておき、先行する試行における正反応への言語賞賛を短く行った直後に次の試行の教材を提示した。対象児が試行を正しく遂行したときに言語や身体接触による賞賛を行った。

また、対象児が指導者の許可なく離席した場合、離席後10秒ごとに、言語指示（席についてください等）、言語指示＋動作指示（席を指さす等）、マニュアルガイダンス（対象児の身体を持って席につかせる等）の段階的指示を行って、着席するように促した。

(2) 対象児遂行条件（以下、B条件）

B条件では、対象児が準備と片付けを行うように指導した。例えば、O1の絵カード課題では、対象児が絵カード10枚を輪ゴムで束ねる（外す）などの遂行を指導者の補助のもとに行った。加えて、O1の絵カード

課題と文字カード課題、O2のカード課題では、絵カードを片付ける際に、指導者が「○○ちょうだい」と名称を示して、対象児がそれに対応する絵カードを1枚取って手渡すという記名連合学習を取り入れた。その他の手続きはA条件と同じであった。

なお、O2では、B条件を初めて導入したフェイズⅡにおいて、事前に計画した準備と片付けの仕方では対象児の遂行が困難であったため、続くフェイズⅢにおいて指導者の補助を多くして遂行できるように手続きを変更した。具体的には、フェイズⅡのB1条件で、O2が一人で絵カード10枚を輪ゴムで束ねるのが困難であったため、続くフェイズⅢのB2条件において、指導者が絵カードを持って支えてやり、O2がそれを輪ゴムで束ねるだけにするなどO2の技能レベルに応じた方法に改善した。

2-5）従属変数と分析

課題中の離席反応と注意逸脱反応を標的とした。分析課題は机上課題であったことから、対象児は課題中は着席を求められた。また、予備セッションの観察より、両対象児に共通して、離席反応の生起前に、指導者や教材から顔や視線をそらす、姿勢を崩して横を向くなどの行動が頻繁に観察されたことから、注意逸脱反応も標的とした。さらに、試行時間の課題遂行として、Dunlap et al.（1983）を参照し、1分間当たりの課題遂行数と正反応率を測定した。

(1) 離席反応数

セッションの録画記録を基に、指導者の許可なく椅子から身体が離れる行動を離席反応と定義し、セット間と試行時間のそれぞれにおいて生起した回数を記録した。なお、当該反応の終わりは、その行動の生起後3秒以上の着席行動が認められた時とした。セット間、試行時間のそれぞれで生起した回数を基に1分間当たりの離席反応数を算出した。

セッション中、指導者は、対象児の離席後、段階的指示を行い着席するように促したが、実際のセッションでは、マニュアルガイダンスを実施し

第4章 個別指導における先行操作

ても対象児をすぐに着席行動に戻せないことがあった。このため、離席反応の時間ではなく生起数を測定した。

(2) 注意逸脱反応数

注意逸脱反応を着席したままで顔や身体前面を指導者と教材以外の方向に連続して3秒以上逸らす行動と定義し、離席反応と同様に処理した。当該反応の終わりは、その行動の生起後、指導者や教材のいずれかに連続して3秒以上視線を向けた時、または当該反応の生起後に指導者の教示に応答した時とした。

(3) 試行遂行数

課題ごとに試行時間における1分間当たりの試行遂行数を算出した。例えば、O1の絵カード課題では、指導者の絵カード提示に対する発語数、絵カードを受け取る数、絵カードを台紙の上に置く数を合算して試行時間の試行遂行数とし、試行時間で割った。

(4) 正反応率

課題ごとに正反応の生起を記録し、機会数で割った。例えば、O1の絵カード課題では、指導者の絵カード提示機会に対する正しい発語と、絵カードのマッチング機会に対する正しいマッチング反応を記録し、「正しい発語(正しいマッチング)の数÷発語(マッチング)の機会数×100 (%)」の式で正反応率を算出した。

(5) セット間の時間

録画されたビデオテープのカウンター目盛をもとに、課題ごと、セッションごとのセット間の時間を測定し、それらの値をもとに課題ごとのセット間の平均時間(秒)を算出した。

2-6) 信頼性の査定

O1、O2ともに、離席反応と注意逸脱反応について信頼性の査定を行った。全セッションの1/5を対象に、2名の観察者が独立して記録を行った。査定を行ったセッションは、研究期間を通じて均等に配置した。観察

者間の一致率を、「2 名の観察者の記録が一致した離席反応（注意逸脱反応）の数÷離席反応（注意逸脱反応）の総数× 100（％）」で算出した。その結果、O1 における一致率の平均は離席反応で 100％、注意逸脱反応で 88.7％（range は 87.0 〜 88.9％）であった。O2 は離席反応で 100％、注意逸脱反応で 93.0％（range は 90.0 〜 96.0％）であった。

3　結果

3-1）離席反応数

　O1 の絵カード課題、文字カード課題、色形パズル課題、O2 のカード、色形パズル課題における 1 分間当たりの離席反応数の結果を Fig. Ⅱ-1、Fig. Ⅱ-2 に示した。

　Fig. Ⅱ-1 〜 4 のセット間とは試行間における離席反応数を、試行時間とは試行時間における離席反応の回数を示している。

　Fig. Ⅱ-1 の上のグラフに示したように、O1 の絵カード課題では、セット間における離席反応のレベルは、フェイズⅢの A 条件において、フェイズⅠの A 条件及びフェイズⅡ、ⅣのB 条件に比べて高まる傾向が認められた。フェイズⅠにおける離席反応は、セッション 3 を除いて低かった。また、試行時間における離席反応は、フェイズⅠ〜Ⅳを通じて低かった。同様の傾向は、Fig. Ⅱ-1 の真ん中のグラフの文字カード課題、下のグラフの色形パズル課題についても認められた。

　また、Fig. Ⅱ-2 の上のグラフに示したように、O2 のカード課題では、セット間における離席反応は、フェイズⅡ、Ⅲ、ⅤのB 条件に比べ、フェイズⅠとⅣのA 条件において高まる傾向が認められた。また、試行時間における離席反応数は、フェイズⅠ〜Ⅴを通じて低かった。Fig. Ⅱ-1 の下のグラフより、色形パズル課題についても同様の傾向が認められた。

3-2）注意逸脱反応数

　O1 の絵カード課題、文字カード課題、色形パズル課題、O2 のカード課

第4章　個別指導における先行操作

題、色形パズル課題における注意逸脱反応数の結果を Fig. Ⅱ-3、Fig. Ⅱ-4 に示した。

　Fig. Ⅱ-3 の上のグラフに示したように、O1 の絵カード課題では、セット間における注意逸脱反応の生起レベルは、フェイズⅠ、ⅢのA条件に

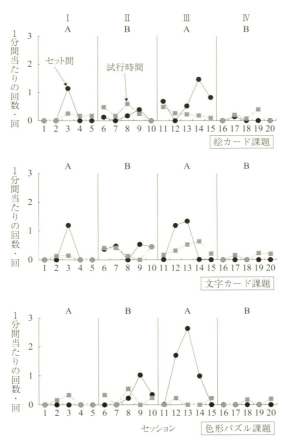

Fig. Ⅱ-1　O1　離席反応数
Aは指導者遂行条件を、Bは対象児遂行条件を示す 1 〜 Ⅳはフェイズを示す

85

おいて顕著に高まる傾向が認められた。また、試行時間における注意逸脱の生起は、全てのフェイズを通じて低かった。Fig.Ⅱ-3 より、文字カード課題、色形パズル課題についても同様の傾向が認められた。

また、Fig.Ⅱ-4 の上のグラフに示したように、O2 においても、セット間における注意逸脱反応は、フェイズⅠとⅣの A 条件において顕著に高まる傾向が認められた。また、試行時間における注意逸脱反応は、フェイズⅠ～Ⅴを通じて低かった。Fig.Ⅱ-4 より、色形パズル課題についても同様の傾向が認められた。

3-3) 試行遂行数

試行遂行数について、O1 の結果を Fig.Ⅱ-5 に、O2 の結果を Fig.Ⅱ-6

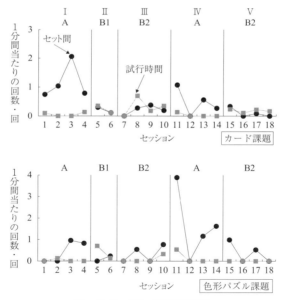

Fig.Ⅱ-2　O2　離席反応数
A は指導者遂行条件を、B1・B2 は対象児遂行条件を示す
Ⅰ～Ⅴはフェイズを示す

第4章　個別指導における先行操作

に示した。

　Fig. Ⅱ-5の上のグラフより、O1の絵カード課題では、試行遂行数のレベルは、フェイズごとに漸増傾向が認められた。条件間の差異は認められなかった。また、文字カード課題と色形パズル課題では、全てのフェイズを通じてほぼ同じレベルであった。

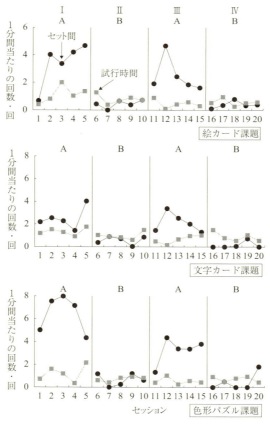

Fig. Ⅱ-3　O1　注視逸脱反応数
Aは指導者遂行条件を、Bは対象児遂行条件を示す　1〜Ⅳはフェイズを示す

Fig. II-6 より、O2 では、カード課題、色形パズル課題ともに、試行遂行数のレベルは、O1 の絵カード課題と同様に、カード課題でフェイズごとに漸増傾向が認められた。色形パズル課題では全てのフェイズを通じてほぼ同じレベルであった。

3-4) 正反応率

正反応率について、O1 の結果を Fig. II-7 に、O2 の結果を Fig. II-8 に示した。

Fig. II-7 の上のグラフのように、O1 の絵カード課題では、マッチングの正反応率のレベルは、全てのフェイズを通じてほぼ同じであった。発語の正反応率のレベルは、フェイズⅡで他のフェイズに比べて若干低い傾向

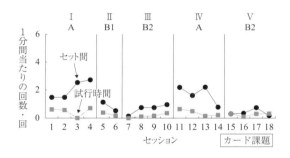

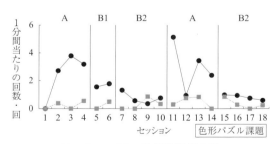

Fig. II-4　O2　注視逸脱反応数
A は指導者遂行条件を、B1・B2 は対象児遂行条件を示す　I～Vはフェイズを示す

第 4 章　個別指導における先行操作

が認められたが、フェイズ間の差異は認められなかった。また、文字カード課題の発語、マッチングについても、全てのフェイズでほぼ同程度の正反応率のレベルであった。Fig. Ⅱ-7 の下のグラフのように、色形パズル課題の発語ではフェイズⅡで若干高い傾向を示したが、その後フェイズごと

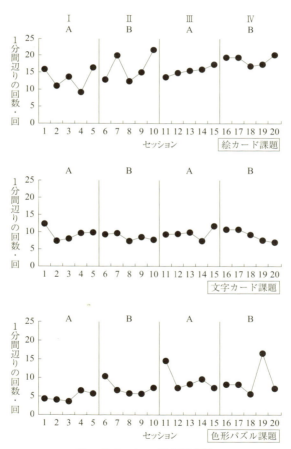

Fig. Ⅱ-5　O1　試行遂行数
Aは指導者遂行条件を、Bは対象児遂行条件を示す1〜Ⅳはフェイズを示す

に漸減傾向を示した。

O2 では、発語機会がなかったため、絵と絵のマッチング（絵マッチング）、絵と文字のマッチング（文字マッチング）の正反応率を分析した。

絵マッチングは一貫して高いが、文字マッチングは上昇傾向を示した。Fig. Ⅱ-8 の下のグラフのように、色形パズル課題では、フェイズⅡでやや低いが、他のファイズでは、ほぼ同じで高いレベルであった。

3-5) セット間の時間

O1 では、A 条件のセット間の平均時間は、絵カード課題で 15.7 秒（SD は 3.6、range は 12.0 ～ 23.5 秒）、文字カード課題で 25.3 秒（SD は 6.9、range は 14.5 ～ 41.0 秒）、色形パズル課題で 15.5 秒（SD は 3.8、range は 12 ～ 23.5 秒）であった。また、B 条件のセット間の平均時間は、絵カード課題で

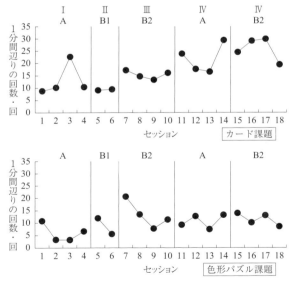

Fig. Ⅱ-6　O2　試行遂行数
A は指導者遂行条件を、B1・B2 は対象児遂行条件を示す 1 ～Ⅴはフェイズを示す

第4章　個別指導における先行操作

59.2秒（SDは20.4、rangeは36.0〜98.6秒）、文字カード課題で73.2秒（SDは19.4、rangeは52.0〜102秒）、色形パズル課題で27.6秒（SDは11.2、rangeは17.0〜52.0秒）であった。

O2では、A条件におけるセット間の平均時間は、カード課題で21.2秒

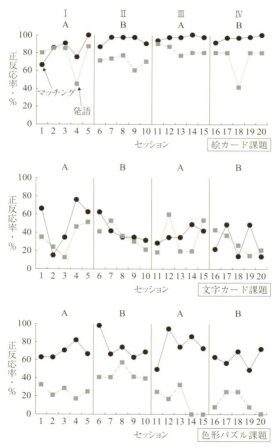

Fig. II-7　O1　正反応率
Aは指導者遂行条件を、Bは対象児遂行条件を示す　I〜IVはフェイズを示す

（SDは7.0、rangeは16.4〜38.0秒）、色形パズル課題で14.7秒（SDは3.5、rangeは10.7〜19.5秒）であった。B条件におけるセット間の平均時間は、カード課題で93.3秒（SDは38.0、rangeは59.1〜154.3秒）、色形パズル課題で38.8秒（SDは9.1、rangeは32.0〜53.0秒）であった。

4 考察

4-1) セット間の設定条件と逸脱反応の生起率との関連

離席反応の生起レベルは、O1では、課題内容に関係なく、指導者遂行条件を2度目に実施したフェイズⅢのセット間で高まる傾向が認められた。O2では、課題内容に関係なく、指導者遂行条件（A条件）のセット間において、対象児遂行条件（B条件）よりも高まる傾向が認められた。

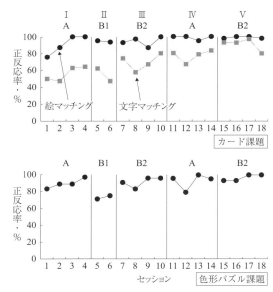

Fig. Ⅱ-8　O2　正反応率
Aは指導者遂行条件を、B1・B2は対象児遂行条件を示す Ⅰ〜Ⅴはフェイズを示す

第4章　個別指導における先行操作

　これらの結果は、個別指導のセット間において、指導者が課題準備を遂行する条件において、対象児がそれを遂行する条件よりも逸脱反応の生起が高まることを示している。本研究の結果は、個別指導のセット間という対象児が遂行すべき活動のない空白の時間（杉山，1984）で逸脱反応の生起が高まることを明らかにしたといえる。

　試行時間における離席反応の生起レベルは、O1、O2ともに、課題内容に関係なく、フェイズⅠ～Ⅳを通じて低かった。また、試行遂行数と正反応率のレベルにおいても、O1、O2ともに、条件間の差異は認められなかった。これらの結果は、指導者遂行条件のセット間における逸脱反応の生起が試行時間における逸脱反応の生起を高めたり課題遂行を低減させたりしなかったことを示している。

　対象児遂行条件のセット間では、対象児が課題準備を遂行したことで、離席反応数は低減した。この結果は、セット間における対象児の逸脱反応の生起を防ぐ手続きとして、逸脱反応と身体的に両立しえない拮抗する行動の形成が有効であることを示唆するものである。セット間における対象児の逸脱反応に拮抗する行動として、従来の両手を膝の上に置く行動（杉山，1984）ではなく、課題準備の遂行が有効であると考えられる。

　O1では、2度目に指導者遂行条件を導入したフェイズⅢのセット間で離席反応数は高まった。O1は、最初に対象児遂行条件を導入したフェイズⅡの後半になると、指導者の「片付けてください」などの指示前に、カードやパズルを束ねて輪ゴムで止めようとするなど自発的に課題準備を遂行する行動を頻繁に示した。O1が自ら課題準備を行い、それに随伴して指導者から賞賛される事態は、課題準備の遂行を高める強化事態であったと推測される。この点を支持する結果として、O1では、全ての分析課題で、対象児遂行条件における注意逸脱反応数は指導者遂行条件に比べて顕著に低かった。この結果は、対象児遂行条件のセット間では、指導者や教材に注意を向ける反応が持続していたことを示している。

　対象児遂行条件のセット間に要した時間は、指導者遂行条件よりも長い

傾向が認められた。対象児遂行条件のセット間の時間が長かったにもかかわらず、対象児は離席反応を選択しなかった。即ち、対象児遂行条件のセット間においては、対象児が多くの時間、課題準備に従事していたことを示している。

一方、指導者遂行条件を2度目に導入したフェイズⅢでは、先行するフェイズⅡで形成されたO1の自発的な課題準備の遂行に対して、指導者は「待ってね。先生片付けるね」などと言い、課題準備を遂行させない対応をした。このような指導者の対応に対して、O1の指導者や教材から視線や身体の向きをそらす、椅子に両脚を上げるなど着席の姿勢を崩す、離席するなどの行動が頻繁に観察された。このようなO1に課題準備を遂行させないという指導者の対応は、O1にとって嫌悪的な事態であったと考えられる。そのため、フェイズⅢにおいて、嫌悪的事態からの逃避機能を持つ離席反応の生起が高まったと考えられる。

4-2）セット間の設定条件と試行時間における逸脱反応、試行遂行数、正反応率との関連

本研究では、Koegel et al.（1998）の示唆にもとづき、セット間における逸脱反応の生起が試行時間における逸脱反応の生起、試行遂行数、正反応に及ぼす効果も分析した。しかしながら、試行時間における逸脱反応、試行遂行数、正反応では、セット間の設定条件の影響はほとんど認められなかった。

第4節　課題の選択機会の設定（研究Ⅲ）[注]

1　目的

研究Ⅲでは、知的障害を伴う自閉症児1名を対象に、個別指導において、課題の選択機会を設定し、対象児自らが課題を選択する行動それ自体が課題遂行を高めるかどうかについて検討する。

第4章　個別指導における先行操作

Dunlap et al.（1994）や Moes（1998）の手続きを参照して、対象児が課題を選択できない条件（NC条件）、選択できる条件（C条件）、選択できないけれども好みに応じて遂行できる条件（YNC条件）を設定し、条件間で課題遂行の割合と潜時を比較した。

2　方法

2-1）対象児

研究開始時に5歳4ヶ月の男児、O4であった。3歳8ヶ月時に「自閉症」と診断されていた。簡単な言語指示に応じることができ、単純な手続きであれば、すぐに理解して取り組めた。手続きの変更に対しては、大声をあげたり床に転がったりして強い拒否を示した。身近なものや好みである動物の名前はよく理解しており、絵カードを提示すると「ボウ（象）」「ウマ（馬）」などの発語がときどき見られた。母親は、「バイ（ばいばい）」「アッチ（熱い）」など約10の発語はあるが、家庭での食べ物や玩具などの要求時には、相手の手を持って連れて行く伝え方がほとんどであると報告した。課題場面では、ジグソーパズルが好きで家庭や園でほぼ毎日行っていた。20ピース程度のパズルであれば一人で完成できた。

津守式乳幼児発達質問紙（CA5:2）の結果は、運動3:0、探索・操作1:9、社会1:6、生活2:6、言語1:0であった。また、新版K式発達検査（CA5:2）の結果は、姿勢・運動2:11、認知・適応2:2、言語・社会1:1であった。

2-2）分析課題

分析課題は、対象児の好みであると推測されたSONYトーキングカードプレーヤーCP-1000を使用した課題（以下、カード課題）と対象児が遂行体験のなかった円柱差し課題（以下、円柱課題）の2つであった。好み

注）本研究の内容は「村中智彦・藤原義博・小林貞子（2001）―自閉症児における課題の選択が課題従事行動に与える効果．教育実践学論集, 2, 1-10.」において発表した。

であると推測される課題と遂行体験のない課題を選択肢にすることにより課題間の好みの違いは明確になり、Dunlap et al.（1994）や Moes（1998）の問題点であった Yoked-No-Choice 条件における好みの一貫性は保障されると考えた。

カード課題では、母親に対して事前に行った対象児の好みに関する聞き取り調査の結果より、対象児が好む動物（ゾウ、ペンギン、ゴリラなど）のカード7枚を使用した。特定の動物の写真が付けられたカードを、プレーヤーにかけ、対応する動物の鳴き声を聞く課題であった。円柱課題は、5色（赤・青・黄・緑・白）のカラーリング（以下、リング）を同色の棒のついた円柱台に差し入れる課題で、各色ごとに1つ、計5つのリングを使用した。円柱課題は、研究前の臨床指導で実施されたことはなく、また、母親も従事した体験はないと報告したものであった。

2-3）個別指導の設定

期間は約4ヶ月で、セッションは週1回、約90分の個別指導の時間内に実施された。計16セッションの平均所要時間は約6分30秒であった。Fig. Ⅲ-1 は、指導室（6m × 4m）の設定を示したものである。部屋の中央に約30cm 離して2つの机を置き、プレーヤーと円柱台をそれぞれ机上に置いた。2つの机から約3m 離れた対象児の手の届かない棚の上に、7枚のカードと5つのリングを対象児から見えるように並べて置いた。

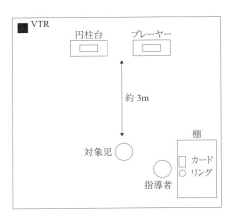

Fig. Ⅲ-1　指導場面の設定

2-4）手続き

Dunlap et al.（1994）の研究デザインを参照し、それぞれ4つ

第4章　個別指導における先行操作

のセッションから成る4つのフェイズによる逆転デザイン（Barlow & Hersen, 1984）を用いて No-Choice 条件、Choice 条件、Yoked-No-Choice 条件を実施した。

(1) フェイズⅠ（No-Choice 条件、以下、NC 条件）（セッション1〜4）

対象児と指導者が部屋に入り、まず、向かい合って「勉強をはじめます」の挨拶を行った。挨拶が終わるとすぐに、指導者は、棚上の課題物（7枚のカード、5つのリング）の中から任意に一つを選んで、「カード（またはリング）をやって下さい」と言って手渡した。そして、対象児が手渡された課題物に対応する課題に従事するように、言語指示、動作指示、マニュアルガイダンスの順で段階的にプロンプトを行った。指導者の教示や指導に従って、カードをプレーヤーにかける、またはリングを対応する円柱台に差し入れるなどの適切な課題遂行に対しては、「上手ですね」「そうですね」などの言葉かけによる賞賛を与えた。対象児がカード課題もしくは円柱課題に従事し終えると、「次はカード（リング）をやって下さい」と言って、棚上の課題物を次々に任意に選んで手渡し、棚上の課題物がなくなったときにセッションは終了した。

(2) フェイズⅡ（Choice 条件、以下、C 条件）（セッション5〜8）

指導者は、対象児に対して、カードとリングの写真（10cm × 10cm）が並列に貼られたチョイスボードを示して、「どっちをやりますか、指さして下さい」と言い、対象児が指さした方の課題物を手渡した。なお、指導者は、カード（リング）を示したときに、対象児が受け取らないかまたは棚上にある他のカード（リング）を要求する何らかの反応（棚に手を掛ける、課題物の方へ手を伸ばす、チョーダイの動作サインをするなど）を認めたときには、素早く他のカード（リング）を取り直して提示し、対象児が課題物を受け取るまでカード（リング）の提示を繰り返した。その後の手続きはフェイズⅠと同じであった。

チョイスボードに貼り付けたカードの写真は、7枚のカードの実物を少しずつ重ねて置いて写したものであった。リングの写真は、5つのリング

の実物を約 1cm 間隔で横に並べたものであった。ボードに貼られたカードとリングの 2 枚の写真の左右の位置は、セッションごとにランダムに配置した。

対象児は、研究以前及び研究期間中にも、他の課題場面において、チョイスボードや写真カードを用いて課題物や教材の選択や要求を行う学習を体験していた。

なお、C 条件では、セッション中に計 11 回の選択機会を設けた。Moes (1998) の手続きで指摘されたように、セッション中に選択機会を多く設けることで、選択を行うこと自体の課題遂行に与える影響が顕在化し易いと考えたためである。

(3) フェイズⅢ（Yoked-No-Choice 条件、以下、YNC 条件）（セッション 9～12）

指導者が課題物を任意に選ぶ点を除いて、フェイズⅠの NC 条件と同じであった。YNC 条件では、指導者の課題物を提示する順序を、セッション 9 では先行するフェイズⅡ（C 条件）のセッション 5 で対象児が選んだ順序と同じにした。同様に、セッション 10 ではセッション 6、セッション 11 ではセッション 7、セッション 12 ではセッション 8 と同じ順序で提示を行った。

(4) フェイズⅣ（C 条件）（セッション 13 ～ 16）

フェイズⅡと同じ。

2-5）従属変数と分析

課題遂行を標的とした。課題遂行とは、指導者の教示や指導に従って、指導者から手渡されたカード（またはリング）を受け取り、カード（リング）を持って約 3m 離れているプレーヤの置かれた机に行き、カードをプレーヤーにかける（リングを対応する円柱台に差し入れる）という一連の反応である。また、課題遂行中の棚上の課題物を見る受け取った課題物を見る教示の際に指導者を見る反応も課題遂行とみなした。ビデオ録画から、以下の 2 つの分析を行った。

第4章　個別指導における先行操作

(1) 課題遂行の割合

Dunlap et al.（1994）と同じ手続きで結果の処理を行った。10秒間のインターバルレコーディング法（Barlow & Hersen, 1984）を使用して、インターバルの70％以上（10秒間インターバルの合計7秒以上）で定義した課題遂行が認められた場合に当該反応が生じたと記録した。セッションごとに、課題遂行の生じた割合を、「課題遂行が生じたインターバル数÷総インターバル数×100（％）」の式で算出した。

(2) 課題遂行の潜時

対象児が指導者の提示した課題物を受け取ってから課題を開始するまでの時間を記録した。即ち、カード課題では対象児がカードを受け取ってからプレーヤーにかけるまでに要した時間、円柱課題では対象児がリングを受け取ってから円柱台に差し入れるまでに要した時間とした。課題別に、潜時が3秒以内であった試行の回数を求めた。

2-6) 信頼性の査定

課題遂行の割合については全セッションの1/3、課題遂行の潜時については全セッションの1/2を対象として、2名の観察者が独立して記録を行った。対象としたセッションは4つのフェイズを通じて均等に配置された。課題遂行の割合については、「一致したインターバル数÷総インターバル数×100（％）」の式によって信頼性を算出した。また、課題遂行の潜時の記録では、「一致数÷（一致数＋不一致数）×100（％）」の式によって信頼性を算出した。一致数とは、2名の観察者の潜時の記録が3秒以内であるか否かが一致した試行の合計である。査定の結果、インターバル記録の信頼性は、査定の対象としたいずれのセッションにおいても90％以上であった。また、潜時の記録の信頼性の平均は90％（rangeは75～100％）であった。

3 結果

3-1) 課題遂行の割合

課題遂行の割合を Fig. Ⅲ-2 に示した。Fig. Ⅲ-2 より、フェイズ間における明確な傾向は認められなかった。ただし、NC 条件であったフェイズⅠでは、セッション1において75.0%、セッション2において31.8%と比較的低い値であるが、セッション3、4では100%であった。フェイズⅡ以降のセッションでは、セッション12の78.3%を除いて、90%以上で安定していた。

なお、NC 条件のセッション2では31.8%と低い値であったが、総インターバル数85インターバルで、他のセッションに比べて著しく多かった。セッション2を除いた全セッションの平均インターバル数は33インターバル（SDは8）であった。このセッション2では、指導者の教示や指導に従わず、特定のカードを何度も繰り返して遂行したり、カードやリングを持って床に座り込んでしまったりする反応が頻繁に観察された。

カード課題における課題遂行の正反応率は、セッション1の71.4%を除く全てのセッションで100%であった。セッション1の最初と2回目の試行時では、「カードをプレーヤーにかけてください」の言語指示とプレー

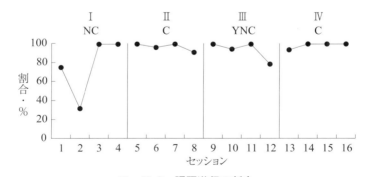

Fig. Ⅲ-2 課題遂行の割合
NC は NC 条件を、C は C 条件を、YNC は NC 条件を示す Ⅰ～Ⅳはフェイズを示す

ヤーへの指さしによる指導を必要とした。また、円柱課題における課題遂行の正反応率は、全セッションにおいて100%であった。

3-2) 課題遂行の潜時

課題ごとに、課題遂行の潜時が3秒以内であった試行の合計数と各フェイズにおける計4セッションの回数の平均値をFig. Ⅲ-3、Fig. Ⅲ-4に示した。

Fig. Ⅲ-3のカード課題の潜時を見ると、フェイズ間で差異が認められた。NC条件であったフェイズⅠでは、セッション2～4にかけて合計数は増加しているが、その最高値は3回であった。フェイズⅠにおいて潜時が3秒以内であった試行の合計数の平均（以下、平均合計数）は1.25回であった。続くC条件のフェイズⅡでは、3～5回の範囲（平均合計数は4.0回）で、NC条件のフェイズⅠに比べると高いレベルで安定していた。YNC条件であったフェイズⅢでは、セッション9～11にかけて減少し（平均合計数は1.75回）、C条件のフェイズⅡと比べるとその傾向に明らかな差異が認められた。再びC条件に戻したフェイズⅣでは、セッション14の0回を除いて3～4回であり（平均合計数は2.75回）、フェイズⅢと

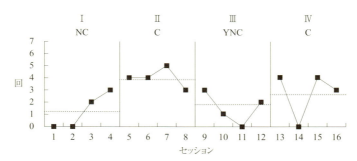

図Ⅲ-3 潜時3秒以内の試行の合計（カード課題）
NCはNC条件を、CはC条件を、YNCはNC条件を示すⅠ～Ⅳはフェイズを示す
図中の横線（破線）は各フェイズ内の平均値を示す

比べると増加していた。

カード課題と同様の傾向は、Fig. Ⅲ-4 に示した円柱課題でも認められた。フェイズⅠでは、セッション1、4で5回であったが、セッション2、3ではいずれも1回と低い値であった（平均合計数は3回）。フェイズⅡでは4～5回の範囲で（平均合計数は4.5回）、フェイズⅠに比べると高いレベルで安定し、フェイズⅢではセッション9～11にかけて減少し（平均合計数は1.75回）、フェイズⅡと比べるとその傾向に差異が認められた。フェイズⅣでは、セッション14の0回を除いて4～5の高いレベルであった（平均合計数は3.25回）。

なお、課題遂行の潜時が3秒以上であった試行は、NC条件のセッション2とYNC条件のセッション10でそれぞれ1回ずつ認められた。いずれにおいても、課題物を受け取った後も課題を遂行せず、床に座り込んでしまう、部屋の中を歩き回るなどの反応が観察された。また、潜時の最小値は1.8秒で、C条件のセッション7で認められた。

3-3）課題の選択反応

最初のC条件であったフェイズⅡでは、全4セッションにおいて、対

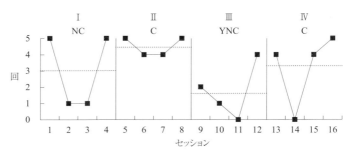

図Ⅲ-4　潜時3秒以内の試行の合計（円柱課題）
NCはNC条件を、CはC条件を、YNCはYNC条件を示すⅠ～Ⅳはフェイズを示す
図中の横線（破線）は各フェイズ内の平均値を示す

第 4 章　個別指導における先行操作

象児は 7 枚のカードの写真を先に連続して指さし、その後に 5 つのリングの写真を指さす反応が認められた。2 度目の C 条件であったフェイズⅣでは、セッション 16 を除くセッション 13 〜 15 において、フェイズⅡと同様の 7 枚のカードの写真を先に連続して指さす反応が認められた。例外であったセッション 16 の 1 〜 5 回目の選択機会ではカードの写真を指さし、6 〜 10 回目ではリングの写真を指さし、最後の試行で再びカードの写真を指さす反応が観察された。

　また、対象児の課題の選択に関わる反応として、以下のような反応も観察された。C 条件を最初に導入したセッション 5 において、「チョイスボードの写真を指さす直前に棚上の課題物を見る」という反応が頻繁に観察された。カード課題では、フェイズⅡのセッション 6 において、指導者が提示したカードを受け取らず、棚上にある他のカードに右手を伸ばす反応も認められた。これに類似した反応は、セッション 7 以降のカード選択時においても数回観察された。円柱課題では、セッション 6 より、写真に表された 5 つのリングの中から 1 つを明確に指さす反応が認められた。

4　考察

　研究Ⅲでは、知的障害を伴う自閉症児 1 名を対象にした課題場面において、対象児が課題の選択を行うこと それ自体が課題遂行を高めるかどうかについて検討した。対象児が課題を選択できない NC 条件、選択できる C 条件、選択できないが好みに応じて従事できる YNC 条件を実施し、条件間で課題遂行の割合と潜時を比較した。

　まず、C 条件で観察された対象児のチョイスボードに貼られたカードまたはリングの写真を指さす反応が、課題を選択する反応として妥当であったかの検討が必要である。C 条件の選択結果で述べたように、セッション 16 を除く全てのセッションで、リングよりもカードの写真を指さすという対象を明確に特定化する反応が認められた。この反応から、カードの写真とカード課題、またリングの写真と円柱課題という写真と課題との対応

103

関係は確立していたと考えられる。望月（1996）は、「選択ができるとは対象者が与えられた選択肢のどちらかに偏った分化を示すことである」と指摘している。他の先行研究においても、「選択された選択肢に偏りが見られるかどうか」という対象児が選択した結果の偏向性を選択する反応としての妥当性を測る指標としている（Persons & Reid, 1990；藤原・大泉, 1993）。このようなことから、研究Ⅲでは、円柱課題よりもカード課題を選択するという選択肢における明確な偏向を認めることができたといえる。また、C条件の初期のセッションにおいて、棚上に残っている課題物を確認してからそれに対応する課題物の写真を指さしたり、結果として、棚上にない課題物の写真を指さす反応（全てのカードに従事した後にカードの写真を指さす反応など）は観察されなかった。これらの反応も、対象児の課題物の写真を指さす反応が課題を選択する反応であったことを支持している。

次に、上述したC条件の選択結果より、対象児の課題に対する好みについて検討する。「好みは、選択肢間でどちらが多く選ばれたかによって推測される」（Carolyn, Pitkin, & Lorden, 1998；Sigafoos, 1998）といわれている。研究Ⅲにおいて、対象児は、円柱課題よりもカード課題を多く選択したことから、円柱課題よりもカード課題を好んでいたといえる。カード課題は、対象児の好みであると推測された動物のカードを使用した課題であり、また、円柱課題は従事体験のなかった課題であることから、研究前に予測された好みと一致してした。

Dunlap et al.（1994）のインターバルレコーディング法による課題遂行の割合の分析では、フェイズ間における課題遂行の明確な傾向を見出すことはできなかった。その要因の一つには、本研究の分析課題の内容と手続き、またそれらに伴う課題遂行がDunlapのそれらとは異なっていた点が指摘できる。Dunlapの用いた課題は、物語の読み聞かせであり、課題時に求められる対象児の課題遂行は、教師が読む物語を椅子に座って見る・聞く反応であった。子ども自らが学習の手続きを組み立てたり統制する機

第4章　個別指導における先行操作

会は少なかったと考えられる。一方、研究Ⅲの分析課題では、対象児が課題物を持って移動する、プレーヤにカードをかける、リングを差し入れるなどの課題物を操作する手続きが多く含まれていた。即ち、指導者が課題物を手渡した後には、対象児自らが課題の手続きを組み立て統制するという内容であった。このような課題遂行における内容の相違が、Dunlap の研究とは異なる結果を導いたと考えられる。

　一方、課題遂行の潜時の分析では、潜時が3秒以内であった試行数は、C 条件において高い水準を示した。C 条件のいずれの課題においても、対象児の課題に取り組む反応が早まる傾向が認められた。具体的には、C 条件において、対象児はカードやリングを受け取った後に、足早に歩いてプレーヤーや円柱台の置かれた机に行き、カードをプレーヤーにかけたりリングを差し入れるという反応が、NC 条件と YNC 条件に比べて多く生起した。課題遂行の潜時の分析を行った理由は、上述した Dunlap et al.（1994）の分析方法ではフェイズ間の明確な傾向を見出せなかったが、ビデオ録画の視聴を通して、C 条件で対象児の足早に歩いて課題に取り組む反応が増加する印象を受けたからでもあった。潜時を3秒以内で処理した理由は、C 条件において対象児が足早に歩いて課題を開始した試行時の所要時間を計ったとき、その大部分が3秒以内であったからである。このような C 条件で多く認められた対象児の素早い動作で課題に向かう・取り組むという反応は、課題に対する主体的な反応として肯定的に捉えることができる。本研究で認められた課題遂行における潜時の変化は、Dunlap et al.（1994）や Moes（1998）の子どもが課題を選択する行動それ自体が課題遂行を高めるという知見を支持するものと考えられる。

第5章　小集団指導における先行操作

第1節　課題遂行機会の設定（研究Ⅳ）注)

1　目的

　研究Ⅳでは、知的障害特別支援学校での小集団指導を通じて、指導室内の机や椅子、教材のの配置といった物理的環境設定の改善が対象児個々の課題遂行や逸脱反応に及ぼす効果を検討する。また、物理的環境設定の改善を行った上で、係の設定が対象児の課題遂行機会を増やすかどうかを分析し、係の設定が可能になる条件や適切な指導手順について検討する。

2　方法
2-1）期間と指導改善の方法

　期間はX年6月～X+1年2月の9ヶ月であった。学校長と学級担任（以下、担任）に研究協力を依頼し、承諾を得た。担任を通じて、対象児全員の保護者に説明を行い、研究協力の同意を得た。指導プロセスに積極的に関与し、指導結果の分析と改善に向けた予測と提案を行った。これらは担任の学級経営の方針に基づく範囲で行った。

　指導を改善するための協議は、録画記録を参考にして、学校訪問による直接観察と協議会（1～2回／学期）、電子メール及び電話（1～3回／月）

注）本研究の内容は「村中智彦・小沼順子・藤原義博（2009）小集団指導における知的障害児童の課題遂行を高める先行条件の検討─物理的環境と係活動の設定を中心に─．特殊教育学研究，46，299-310．」において一部発表した。

第 5 章　小集団指導における先行操作

で行った。

2－2）対象児と指導体制

　知的障害特別支援学校（当時は養護学校）小学部 6 学年に在籍していた 5 名であった。これらの小集団指導（Small Group Teaching）における対象児

Table Ⅳ－1　対象児の実態

対象児	コミュニケーション	机上課題への取り組み	逸脱反応	SM SQ	SA
G1	単語レベルの発語はあるが、声が小さい。困った事態では自分から援助を要求できない。	パズルなどの作業課題が好きで、遊び時間など自分から作業に取り組むことができる。	手や肘で机を強く叩く、他児を叩く・つねる、奇声をあげる。	38	4:5
G2	単語レベルの発語はあるが、声が小さく不明瞭。困った事態ではおしえてカードを提示して伝えることができる。	作業手順を示したカードを見て、ブロック組立などの作業課題に取り組むことができる。	スケジュールや時刻の変更に混乱する。	34	4:8
G3	二語文レベルの発語。困った事態では「○○先生、お願いします」と発語できる。	読字や書字、絵や写真を模写する描画課題に取り組むことができる。	甲高い声や物を叩く音に強く抵抗する、大声で同じ言葉を反復する。	43	4:7
G4	無発語。欲しい物があるときや困った事態では、実物を見せる、お辞儀をする。	ハサミで切る、色ぬりなどの工作課題に取り組むが、一つの課題に丁寧に取り組み過ぎ長時間を要することがある。	課題や作業に要する時間が長い。	27	2:11
G5	欲しい物があるときや困った事態では、指導者に近づき「アン」と言いながらお辞儀をする。他に表出できる発語なし。	ビーズ通しなどの作業課題に取り組めるが、ちょっとした音や人の動きが気になり、課題に集中して取り組むことが難しい。	ノイズや人の動きに過剰に反応する。	29	3:2

107

をG1〜G5で標記する。全員が知的障害の診断のある男児であった。研究開始時における対象児の実態として、コミュニケーション、机上課題への取り組み、課題中の逸脱反応の様子、新版S-M社会生活能力検査の結果をTable Ⅳ-1に示した。5名とも、目立った運動障害は認められなかった。Table Ⅳ-1に示したように、全ての対象児で対人的相互反応における質的な障害、常同的な言動、音刺激への過剰反応、こだわり等の自閉的傾向も認められたが、診断名は知的障害であった。

2－3) 対象場面と指導体制

対象となる指導場面は、小学部6学年の学級単位で実施される朝の会であった。朝の会は、対象児全員の登校後の10時頃から毎日実施され、指導時間は約25分であった。朝の会を対象としたのは、行事に左右されず年間を通して毎日実施されることから、対象児個々の指導目標を達成するための課題遂行の機会を多く作り出すことができ、系統的な指導展開が可能であると考えたからである。

担任2名がメイン指導者（以下、T1）とサブ指導者（以下、T2）となり、役割分担によるティームティーチングで指導を行った。

担任が計画する学級目標に基づく「朝の会」の指導目標は、対象児個々が割り当てられた日付や曜日、今日の天気、一日のスケジュールなどの係が遂行できること、指導者や他児とのやりとり（挨拶や呼名に対する返事など）を正確にできることであった。主な課題内容は、開始挨拶、呼名と返事、健康観察、日付、天気、スケジュール確認、給食献立、手遊び歌、終了挨拶であった。

2－4) 手続き

(1) 物理的環境設定の改善

①机と椅子の配置の変更：教室内の机と椅子の配置、教材の向きや配置などの物理的環境設定の改善は、夏休みと冬休みの期間中に準備を行い、

第 5 章　小集団指導における先行操作

学期毎に行った。

　最も大きな変更であった机と椅子の配置、それに伴う対象児の着席位置を Fig. Ⅳ-1 に示した。1 学期では、Fig. Ⅳ-1 の上のように、机と椅子を配置して対象児 5 名が教室前方の黒板に向かって机の後ろに椅子を置いた

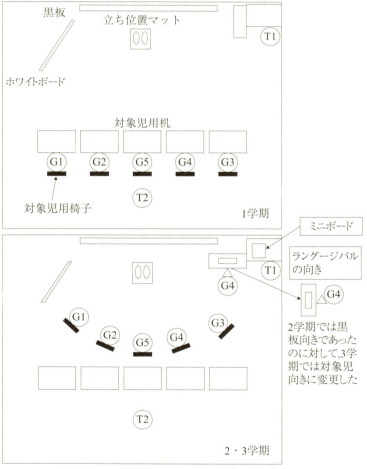

Fig. Ⅳ－1　教室内の物理的環境設定

形で横一列で着席した。この設定は前年度からの引き継ぎ事項で、他の指導でも日常的に行っていた。1学期から、係の対象児が前で号令をかけたり、発表を行う立ち位置マット（35cm × 35cm、以下、マット）を黒板の前に置いた。マットには、対象児が向く方向が分かるように足形を付加した。また、黒板には対象児が氏名カードを貼る位置を示す色枠テープを付けた。この設定において、起立の号令に応じて席を立つ、指導者に呼名されたら前に出て氏名カードを受け取り黒板に貼るなどの課題遂行が求められていた。対象児が席を離れ、前に出て、課題遂行するためには、立ち上がる前に椅子を後ろに引く、立ち上がった後に椅子を机の下に入れる動作をする必要があった。このような対象児が席を離れ、前に出て課題を遂行する機会は多くあったが、机が置かれていることで、前に出る反応が生起しにくい、または遅くなる事態が少なくなかった。

　そこで、Fig. Ⅳ-1の下のように、2学期では、対象児の席を離れて前に出る反応の努力を低減するために、机を撤去し、併せて対象児の座席位置を変更した。朝の会が始まる前に対象児が自分で机の前に椅子を移動し、椅子のみで着席する設定に変更し、椅子は黒板を起点に扇形状に配置した。机を撤去したことにより、対象児の席を離れて前に出る反応が生起しやすくなると予測した。また、この変更によって、マットと対象児の着席位置の距離は短くなった。なお、1学期の分析結果から、指導中にG1が手や肘で机を叩くことで騒音が生じ、他児がその音に反応するという不適切な影響が頻繁に認められたこと、朝の会では机上課題がなかったことも机を撤去した理由であった。机をなくすことで、G1の手や肘で机を叩く行動は生じなくなり、対象児が前に出て遂行する行動が生じやすくなると予測した。その他、1～3学期を通じて、黒板の横に対象児が氏名カードやスケジュールカードを貼るためのホワイトボードを置いた。

　②**氏名カード教材の使用と置く向きの変更**：呼名と返事の課題で使用した氏名カードは、1～3学期を通じて同じ形、同じ大きさのものを使用した。氏名カード（10cm × 15cm、背面に磁石添付）には、対象児の顔写真を

第5章 小集団指導における先行操作

貼り、氏名（平仮名）を記した。2学期では係のG4が他児を呼名したが、G4は発語できないため、1学期に使用した氏名カードをランゲージパル（エスコアールLP-Ⅱ、以下、パル）に通すことで呼名した。氏名カードをパルに通すと、他児の氏名がT1の声で「○○さん」のようにアウトプットされた。パルの導入前に、個別指導によりG4がパルを扱えるようになるための指導を行った。Fig. Ⅳ-1の下図のように、パルを黒板前の机上に置いた。パルを置く向きを、2学期では黒板向きであったのに対して、3学期では他の対象児向きに変更した。これは氏名カードを手渡す係のG4とそれを受け取る他対象児が向き合って（対座して）やりとりを行うことを期待した改善である。

③**氏名カード教材の配置の変更**：G4が呼名に使用する対象児全員の5枚の氏名カードをミニボード（25cm×35cm）に掲示した。氏名カードは、2学期では指導者がセッションごとに任意に縦一列で並べたが、3学期ではランダムに並べた。

(2) 係の設定

1学期では、指導者と対象児とのやりとりによる課題手続きの形成に重点を置いた。T1が司会進行を担当し、T1の一斉または個別指示に対して対象児が応答するやりとりが中心であった。2・3学期では、対象児の主体的な課題遂行を促すために、T1が遂行していた司会進行や指示を対象児が遂行するように係を設定した。例えば、1学期では、指導者が呼名して対象児が「はい」と言って（または挙手して）応答していたが、2学期以降は、係のG4が呼名して他児が応答する手続きに移行した。

係は課題手続きが確実に形成された課題から、順次導入した。その導入手順は、先に導入した係において対象児の遂行が確実になった時点で、他の係を一つずつ取り入れた。係を導入する際には、指導者とのやりとりで対象児が遂行できていた氏名カードなどの手がかり教材をそのまま使用した。対象児が遂行できなければ、絵や平仮名カードなどの補助手がかりを付加した。

なお、各対象児の係の割り当ては、対象児個々の個別の指導計画における重点指導課題に即して行った。例えば、G2 では、重点指導課題が「やりとりの力の向上」であり、それが達成されると予測した今日のスケジュールを発表する係を割り当てた。

(3) 指導者の位置取りと援助

Fig. Ⅳ-1 のように、T1 と T2 の位置取りは 1～3 学期を通じて同じであった。対象児の課題遂行が確実でない項目では、言語・動作指示を適宜行った。これらは対象児の課題遂行が確実に生起するようになった時には減じた。対象児同士のやりとりを含む課題では、T1 と T2 が援助対象の対象児を分担して指導した。

2-5) 記録と分析方法

週 1 回（毎週水曜）、教室全体が撮影できるようにワイドレンズを付けたビデオカメラを教室隅に三脚で固定し、担任が指導開始から終了まで録画した。1 学期に 6 日、2 学期に 13 日、3 学期に 9 日の撮影を行い、計 28 セッションを分析対象とした。担任とは異なる分析者がビデオ録画を観察し、以下の (1)～(3) を分析した。

(1) 朝の会の課題項目

セッションごとに、朝の会の課題分析を行い、課題項目（以下、項目）について、時系列に誰が（指導者、G1～G5）どのような内容を遂行したのかを転記した。

(2) 課題遂行の生起とプロンプトレベル

各項目において標的とする課題遂行を分析者と担任が協議して決定した。対象児の課題遂行について、セッションごと、項目ごとに、課題遂行が生起したか否かを記録した。また、指導経過に伴う対象児の課題遂行レベルの推移を調べるために、藤原・近藤・平澤 (1995) を参照し、課題遂行の生起に関わるプロンプトレベルを評価した。課題遂行の生起に関わる環境手がかり（指導者の直接的な援助を含む）を転記し、以下の 8 段階のレ

第 5 章　小集団指導における先行操作

ベルを設定した。指導経過に伴い、課題遂行の生起に関わるプロンプトレベルが高くなることにより、課題遂行が促進されたと考えた。

　レベル 7：自発（T1 や係対象児の教示・教材提示または前項目の終了）
　レベル 6：T1 や係の個別言語指示
　レベル 5：T1 や係の個別動作指示（指さし、ジェスチャー）
　レベル 4：T1 や係の個別身体ガイド
　レベル 3：他児のモデル
　レベル 2：他児の言語・動作指示・身体ガイド
　レベル 1：T2 の言語・動作指示・身体ガイド
　レベル 0：遂行なし

(3) 課題遂行の潜時

　ビデオ録画のカウンターをもとに、指導者や係の対象児の教示や前項目の終了から課題遂行が生起するまでの時間を測定した。課題遂行の潜時が早まることにより、課題遂行が促進されたと考えた。

(4) G1 の逸脱反応

　対象児ごとに、課題遂行の妨げとなり、担任が改善して欲しい逸脱反応を定義し、1 セッション中に逸脱反応が生起したか否かを記録した。しかし、G1 以外では顕著な逸脱反応は認められなかった。

　G1 は、1 学期から、指導中に手や肘で机を叩く、机上のおしえてカードをいじる、着席したまま両足で足踏みをする反応を頻繁に示していた。これらの反応は、G1 の課題遂行を中断させたり遅くさせりすることに作用していた。中でも、手や肘で机を強く叩く反応は、騒音を生じさせ、他児がその音に反応するという不適切な影響が頻繁に認められた。担任も、これらの反応を G1 の課題遂行を妨げる改善したい反応であると捉えていた。G1 の逸脱反応を手や肘で机を強く叩く、机上のおしえてカードをいじる、着席したまま両足で足踏みをするという 3 つの反応と定義し、セッションごとに、逸脱反応が生起したか否かを記録した。

3 結果
3－1）課題遂行反応と項目数の変容

　各項目における対象児の課題遂行の内容について、Table Ⅳ-2 に整理した。

　項目5では、1学期に指導者が対象児を呼名したのに対して、2学期にはG4がミニボードから対象児の氏名カードを取り、パルに通して呼名する反応が設定された。G4の呼名反応は、3学期のセッション23より、呼名する順番を自ら選んで呼名する反応に変わった。項目8では、1・2学期では指導者が「元気ですか」と聞いたが、3学期にはG4がパルに「元気ですか」カードを通して聞く反応が設定された。項目15 〜 17では、1・2学期に指導者が日付等を読み上げて対象児に伝えていた。それに対して、3学期ではG4が指示棒で日付等を指し、G3がG4の指す日付等を読む、G2がスケジュールを指示棒で指して読む項目に変化した。項目20では、G1の準備が終わったらT1に「終わりました」と言って報告する反応が新たに設定された。

　学期ごとの対象児及びT1の課題項目数をFig. Ⅳ-2に示した。上述した対象児の課題遂行の設定や変更に伴い、学期の進捗につれて、G1 〜 G5が遂行した項目数は増加し、指導者が遂行した項目数は減少した。G1が遂行した項目数は、1・2学期では10項目であったが、3学期では12項目に増加した。同様に、G2は1・2学期で9項目、3学期で10項目、G3児は1学期で9項目、2学期で11項目、3学期で12項目、G4は1学期で10項目、2学期で12項目、3学期で15項目、G5児は1・2学期で10項目、3学期で11項目と増加した。一方で、指導者が遂行した項目数は、1学期で5項目、2学期で2項目、3学期で0項目と減少した。

3－2）課題遂行の生起

　物理的環境設定の改善と対象児の課題遂行の生起・非生起をTable Ⅳ-3に示した。Table Ⅳ-3の課題遂行の生起では、プロンプトレベル7の自発

第5章 小集団指導における先行操作

Table Ⅳ−2 各対象児の課題遂行の内容

課題	項目	対象児	1学期（セッション）1 2 3 4 5 6	2学期（セクション）7 8 9 10 11 12 13 14 15 16 17 18 19	3学期（セッション）20 21 22 23 24 25 26 27 28
①開始挨拶	1	G1	「起立」と言いながら両手を上げる		
	2	G2 G3 G4 G5	G1の号令に応じて起立する		
	3	G1	「朝の会を始めます、礼」と言う		
	4	G2 G3 G4 G5	G1の号令に応じておじぎか「お願いします」と言う		
②呼名と返事	5	G4		ミニボードから児童の氏名カードを取ってパルに通して呼名する	呼名する順番を自ら選んで呼名する
	6	G4		呼名に対して前に来た児童に氏名カードを手渡す	呼名に対して前に来た児童に向き合い、氏名カードを手渡す
	7	G1 G2 G3 G5	T1の呼名に挙手し前に出て氏名カードを受け取り黒板に貼る	G4の呼名に挙手し前に出て氏名カードを受け取り黒板に貼る	
③健康観察	8	G4			パルに「元気ですか」カードを通して聞く
	9	G1 G2 G3 G5	T1の声かけに元気ポーズをし、元気カードを黒板に貼る		G4の声かけに元気ポーズをし、元気カードを黒板に貼る
	10	G4			元気カードを手渡す
④日付	11	G5	黒板掲示の日めくりカレンダーをめくり、ゴミ箱に捨てる		
	12	G1	黒板に日付を書く		
	13	G3	黒板に曜日を書く		
⑤天気	14	G4		天気カードを選んで黒板の所定の位置に貼る	天気カードを選んでパルで「晴れです。Bくんいいですか」と確認して黒板に貼る
⑥スケジュール確認	15	G4			指示棒で日付等を指す
		G3			G4の指す日付等を読む
	16	G2			スケジュールを指示棒で指して読む
	17	G2		「T1先生お願いします」と言い、T1に補足説明を促す	
⑦給食献立	18	G3	給食献立を読む		
⑧手遊び歌	19	G1	手遊び歌カードをホワイトボードに貼り準備をする		
	20	G1			準備が終わったらT1に「終わりました」と言って報告する
	21	全員	手遊び歌をする		
	22	G5	手遊び歌カードをホワイトボードから取り除き片付けをする		
⑨終了挨拶	23	G1	起立の号令をかける		
	24	G2 G3 G4 G5	号令に応じて起立する		
	25	G1	「朝の会を終わります」と言う		
	26	G2 G3 G4 G5	号令に応じおじぎする		

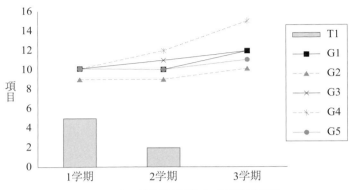

Fig. Ⅳ-2 対象児及びT1の課題項目数

とレベル6のT1や係対象児の個別言語指示で生起したものであった。以下、項目ごとに結果を述べる。

(1) 開始と終了の挨拶

　Table Ⅳ-3より、開始と終了の挨拶では、1学期からG1が号令をかける係を遂行した。G1の課題遂行は、起立や朝の会を始めますの号令をかけることであった。G1の「起立」と言いながら両手を上げる反応（項目1）の生起では、1学期のセッション5以降、自発レベルが安定して認められた。また、「朝の会を始めます、礼」と言う反応（項目3）の生起では、2学期のセッション12以降、自発レベルがほぼ安定して認められた。

　他のG2、G3、G4、G5の課題遂行は、G1の号令に応じて起立する（項目2）、おじぎをするか「お願いします」と言う（項目4）であった。Table Ⅳ-3より、項目2、項目24の開始と終了挨拶におけるG2の起立反応の生起は、2・3学期で1学期よりも増加した。つまり、G2の起立反応は、2・3学期の机を撤去し椅子に着席する設定において1学期の机と椅子の設定よりも高まる傾向が認められた。この傾向は、他のG4、G5の開始と終了時、G3の開始時でも認められた。プロンプトレベルの評価では、G2、G3、G5で共通する傾向が認められた。つまり、1学期の机と椅子の設定

Table IV-3 課題遂行の生起

物理的環境設定			1学期						2学期													3学期								
			1	2	3	4	5	6	7	8	9	10	11	12	13	14	15	16	17	18	19	20	21	22	23	24	25	26	27	28
対象児用机・対象児の着席位置			帆布・横一列						机無・黒板を起点に扇形																					
ランゲージパル・向き									黒板向き													対象見向き								
氏名カードの並べ方									縦一列													ランダム								
課題	項目	対象児	課題遂行の生起																											
①開始挨拶	1	G1																												
	2	G2																												
		G3																												
		G4																												
		G5																												
	3	G1																												
	4	G2													−					−										
		G3																												
		G4																												
		G5																−												
②呼名と返事	5	G4																												
	6	G4																												
	7	G1																												
		G2			−																									
		G3																												
		G5																												
③健康観察	8	G4																												
	9	G1			−							−											−							
		G2																												
		G3																												
		G5																												
	10	G4																												
④日付	11	G5																												
	12	G1																												
	13	G3																												
⑤天気	14	G4																												
⑥スケジュール確認	15	G5																												
		G4																												
	16	G2																												
	17	G2																												
⑦給食献立	18	G3																												
⑧手遊び歌	19	G1																												
	20	G1																												
	21	G1〜G5	手遊び歌をした																											
	22	G5													−															
⑨終了挨拶	23	G1																												
	24	G2																												
		G3																												
		G4																												
		G5													−															
	25	G1																												
	26	G2			−																									
		G3																												
		G4																												
		G5																												

■ レベル7：自発（T1や係対象児の教示・教材提示または前項目の終了）と、レベル6：T1や係の個別言語指示
□ 非生起
− 欠席・機会なし

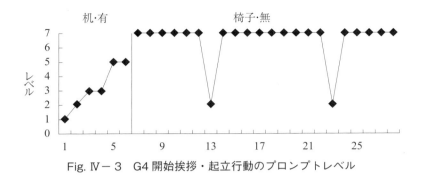

Fig. Ⅳ-3　G4 開始挨拶・起立行動のプロンプトレベル

において、G2、G3、G5 では、号令をかける G1 の個別動作指示（起立していない対象児に向かって両手で太もも側面を叩く）や他児のモデル（他児の起立している姿）を手がかりに起立反応が生起することが多かった。一方、2 学期の机を撤去し椅子に着席する設定では、G1 の号令を手がかりに起立反応が認められるようになった。例えば、G4 では、Fig. Ⅳ-3 に示したように、1 学期ではセッションの経過につれて、プロンプトレベル 1 からレベル 3、レベル 4 と高くなった。2 学期では、セッション 13、23 を除き、1 学期では認められなかった自発レベルが安定して認められた。

(2) 呼名と返事

1 学期では指導者が呼名したのに対して、2 学期以降、係の G4 が呼名した。G4 の課題遂行は、ミニボードから対象児の氏名カードを取ってパルに通して呼名する（項目 5）であった。Table Ⅳ-3 より、G4 の課題遂行は、2 学期の最初のセッションから自発レベルが認められた。3 学期からパルを置く向きを他対象児向きに変更しても、自発レベルは維持された。

氏名カードのミニボードへの掲示は、2 学期のセッション 7 〜 18 では、セッションごとに指導者が任意に縦一列に並べ、係の G4 が他児を呼名するために氏名カードを選択した。G4 はミニボードに添付された上から下への順で氏名カードを選ぶことが多かった。そこで、3 学期のセッション 20 〜 28 では、氏名カードを縦一列に並べないで、ボード上にランダムに

第 5 章　小集団指導における先行操作

配置した。その結果、セッション 23 以降、G3 → G1 → G5 → G2 → G4 の順で氏名カードをパルに通すという特定のパターンが認められるようになった。

　G4 以外の G1、G2、G3、G5 の課題遂行は、2 学期以降、G4 の呼名に挙手し前に出て氏名カードを受け取り黒板に貼る（項目 7）であった。Table Ⅳ-3 より、G1、G2、G3、G5 の課題遂行の生起は、1 学期では自発レベル（指導者の呼名）であった。G1、G3、G5 の 3 名では、G4 が呼名した 2 学期以降も自発レベルが安定して認められた。しかし、G2 では、G4 が呼名した 2・3 学期では、セッション 10、17、18、19、22、26 において、他児の身体ガイドレベルが認められた。

　Fig. Ⅳ-4 に、G4 の呼名に対して、G1、G2、G3、G5 が起立するまでの時間（潜時）を示した。Fig. Ⅳ-4 の一番上のグラフより、G1 の潜時は、T1 が呼名した 1 学期の全てのセッション 1 ～ 6 で 1 秒であったが、G4 が呼名した 2 学期のセッション 6 以降、2 秒が認められた。G2 の潜時は、G4 が呼名した 2 学期のセッション 7 ～ 21 で 1 ～ 7 秒の変動が認められ、セッション 21 以降になると、1 秒で安定した。G3 では、T1 と G4 の呼名にかかわらず、全てのセッションで 1 秒であった。G5 では、T1 が呼名した 1 学期では 1 秒で、2 学期のセッション 7 で 5 秒、セッション 8 で 2 秒であったが、セッション 9 以降は、1 秒であった。

(3) 健康観察

　Table Ⅳ-3 より、1・2 学期では指導者が「元気ですか」と聞いたり、元気カードを手渡したりしたのに対して、3 学期から G4 が係を遂行した。G4 の課題遂行は、パルに元気ですかカードを通して聞く（項目 8）と元気カードを手渡す（項目 10）であった。G4 の課題遂行は、いずれも、係を導入した直後のセッション 20 から全てのセッションで自発レベルが認められた。他の G1、G2、G3、G5 の課題遂行は、1・2 学期の指導者また 3 学期の G4 の「元気ですか」に対して元気ポーズをして元気カードを黒板に貼るであった（項目 9）。全ての対象児で 1 ～ 3 学期を通じて自発レベル

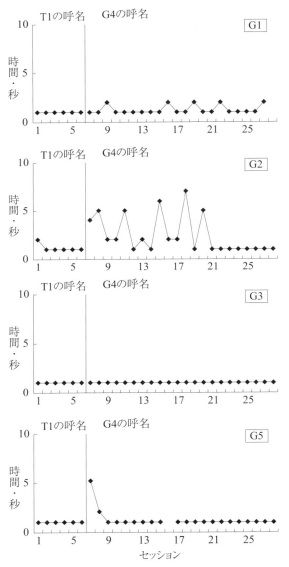

Fig. IV-4 呼名に対して起立するまでの時間(潜時)

が認められた。

(4) 日付・天気・スケジュール確認・給食献立

　Table Ⅳ-3 より、1学期から、G5 が日めくりカレンダーをめくりゴミ箱に捨てる課題を遂行した（項目11）。同様に、G1 が黒板に日付を書く（項目12）を、G3 が黒板に曜日を書く（項目13）を、G4 が天気カードを選んで黒板の所定の位置に貼る（項目14）を、G3 が給食献立を読む（項目18）を遂行した。また、3学期より、G4 が指示棒で日付等を指し、それにあわせて G3 が日付等を読み上げる（項目15）を、G2 がスケジュールの活動を指示棒で指しながら読み上げる（項目16）を遂行した。各対象児の課題遂行の生起では、導入直後から（項目12、13、14、15、16、17、18）、または導入後早い時期から自発レベルが認められた（項目11）。

(5) 手遊び歌

　Table Ⅳ-3 より、1学期から、G1 が手遊び歌カードをホワイトボードに張り準備をする（項目19）を、G5 が手遊び歌カードをホワイトボードから取り除き片付けを遂行した（項目22）。3学期より、G1 は準備が終わったら指導者に「終わりました」と言って報告する（項目20）を遂行した。G1～G5 の全員が手遊び歌を遂行した（項目21）。

3-3) 逸脱反応の生起

　G1 の逸脱反応について、1学期のセッション1～6では、手や肘で机を強く叩く、机上に貼り付けてあるおしえてカードをいじる、着席したまま両足で足踏みをするという3つの反応がいずれも生起した。しかし、机を撤去し椅子のみの設定であった2・3学期では、いずれも1回も認められなかった。

4 考察
4－1) 物理的環境設定の改善が課題遂行反応と逸脱反応に及ぼす効果と要因
(1) 机の撤去の効果

研究Ⅳにおいて、最も大きな物理的環境設定の改善の変更は、2学期に行った机の撤去とそれに伴う対象児の着席位置であった。1学期では机と椅子を置き、対象児5名が黒板に向かって横一列に着席した。2・3学期では机を撤去して椅子のみを置き、対象児5名が黒板を起点に扇形状に着席した。2・3学期に実施した机を撤去して椅子のみの設定により、1学期の机と椅子の設定よりも、G1の号令に応じる他児の起立反応の自発レベルは高まった。また、G1の逸脱反応は、1学期では毎セッションで生起したのに対して、2・3学期の机を撤去して椅子のみの設定では認められなくなった。

まず、2学期に実施した机を撤去する設定が対象児の起立反応を高めた要因として、2・3学期の机を撤去して椅子のみの設定が、1学期の机と椅子の設定よりも、対象児の起立反応に要する反応努力を低減させたことが考えられる。反応努力とは、反応を起こすために必要な身体的な負荷、労力、時間である（Miltenberger, 2001）。Miltenberger（2001）は、望ましい反応を生起させるための手だてとして、その反応に必要な反応努力を少なくする先行条件の設定が有効であると指摘している。また、Friman and Poling（1995）は、反応努力が大きくなるにつれて反応率は低減すると指摘している。1学期では、机があったため、対象児は立ち上がる前に椅子を後ろに引く、立ち上がった後に椅子を机の下に入れる動作を行う必要があった。これに対して、2・3学期では、机がなかったため、対象児は立ち上がる動作以外の動作は求められなかった。即ち、机のない設定は、机のある設定よりも起立反応における反応努力は明らかに小さく、1学期の机の設定は、対象児が起立したり、前に出てカードを黒板に貼るなどの課題遂行を低減させる障壁として作用していたと考えられる。

第 5 章　小集団指導における先行操作

　2・3学期では、机を撤去し、対象児の椅子を机の前に置く設定に変更した。これに伴い、2・3学期では、1学期よりも起立の号令をかけるG1とそれに応答する他児の距離が縮まった。この物理的環境設定の改善の変更に伴う対象児間の距離の短縮は、G1の号令とそれに対する他児の起立反応のやりとりを生じ易くさせたと考えられる。G1の号令（起立と言いながら両手を上げる反応）が起立反応を求めている働きかけであるという他児の理解を促したと推測される。

　T1やG4の呼名に対する他児の起立反応の潜時の結果から、1学期のT1の呼名では、ほとんどが1秒であった。この結果は、T1が呼名すると、他児の起立反応はすぐに生起したこと、T1の呼名が起立反応の生起を促す弁別刺激として機能していたことを示している。2学期では、T1に変わってG4が呼名したが、対象児によって異なる傾向が認められた。G1では、T1の呼名の時は全て1秒であったが、G4の呼名では1秒だけではなく、2秒の時も認められた。G2では、G4の呼名に変更したセッション7～20まで、1～7秒の範囲で変動が認められたが、セッション21以降は1秒であった。G3は、T1の呼名と変わらず、すべて1秒であった。G5は、G4の呼名に変更した最初のセッション7で5秒、次のセッション8で2秒であったが、その後は1秒であった。これらの起立反応の潜時の結果から、対象児全員において、G4の呼名に変更したときから、セッションを重ねることで、G4の呼名が起立反応を促す弁別刺激として機能していたと考えられる。G2やG5の結果は、G4の呼名（弁別刺激）→起立反応→課題開始（強化刺激）という随伴性を繰り返し経験し、学習したことの結果であると考えられる。

　また、机の撤去が逸脱反応に及ぼす効果に関しては、G1の手や肘で机を強く叩く、机上に貼り付けてあるおしえてカードをいじるという2つの逸脱反応は、机の有無に関連して生じる反応であった。この観点から、机がなくなることで、手や肘で机を叩く反応や机上に貼り付けてあるおしえてカードをいじる反応を生起させることはできなくなる。近年、逸脱反応

の低減に向けたアプローチでは、逸脱反応の機能分析に基づく介入が最も効果的であると報告されている（Hanley, Iwata, & McCord, 2003；小笠原・櫻井, 2003）。しかし、本研究の結果は、機能分析に基づく介入に先立って、逸脱反応を起こさせない物理的環境設定の改善という先行操作の有効性を示唆している。

　2・3学期の机のない設定では、G1による着席したまま両足で足踏みをする反応の生起も認められなくなった。この逸脱反応は、机のない設定でも生起させることができる反応であった。しかし、Koegel et al.（1998）が、対象児が逸脱反応を起こさず適切な課題遂行をして頻繁に強化を受け続ける事態そのものが逸脱反応の生起を予防する先行条件として機能すると指摘しているように、2・3学期の机のない設定において、G1が手や肘で机を強く叩くなどの逸脱反応を起こさず課題遂行できたことが、この足踏みをするという逸脱反応の低減にも作用したと考えられる。

(2) パルを置く向きと氏名カードの設定変更の効果

　G4が呼名する際に使用したパルを置く向きを、2学期では黒板向きであったのに対して、3学期では他児向きに変更した。パルを置く向きを変更しても、G4の呼名反応は自発レベルであった。他児向きに変更したことで、氏名カードを手渡す係のG4とそれを受け取る他児が向き合ってやりとりすることができるようになった。先行研究では、物の配置を改善したり、対象児同士のやりとり反応の手がかりとなる教材を新たに環境内に配置することで、対象者同士のやりとり反応が増加することが報告されている（Melin & Gotestam, 1981；Green et al., 1984）。本研究の結果は、課題物や教材の向きを改善することにより、対象児同士のやりとり反応が生じやすくなることを示している。教材の配置を改善することで、やりとり反応に要する反応努力は低下し、課題遂行が生じやすくなると考えられる。

　氏名カードの配置の変更は、G4の氏名カードを通す順番に次のような効果を及ぼした。2学期では、G4は指導者が任意に並べた縦一列の上から下への順番で氏名カードを選ぶという縦一列の配置に統制された反応が

第5章 小集団指導における先行操作

認められた。氏名カードを縦一列にしないでランダムに提示した3学期では、G4が氏名カードをパルに通す順番に特定のパターンが認められるようになった。G4が好みに基づいて呼名する順番を選択決定したことの表れであると考えられる。先行研究では、対象児が選択した結果に偏向や特定のパターンが認められることで、対象児が好みに基づく選択決定を行っている（Persons, Reid, Reynolds, & Bumgarner, 1990）。Table Ⅳ-1の対象児の実態で示したように、G4のコミュニケーションスキルは、他児が単語や二語文で発語要求できるのに対して、無発語で実物を見せるなどの要求レベルであった。また、S-M社会生活能力検査の結果から、G4の社会生活年齢（SA）は2歳11ヶ月、社会生活指数（SQ）は29であり、対象児5名の中で最も低い値であった。これらの実態から、2学期における氏名カードの縦一列の提示では、自分の好みに基づいて呼名する順番を選択決定して良いという指導者の期待した課題遂行の理解が困難であったと考えられる。しかし、3学期に氏名カードがランダムに提示されるようになり、また、指導を通じて繰り返し体験したことにより、縦一列の提示位置による統制が消失し、好みの順番に選択して良いことを理解できたと考えられる。先行研究では、対象児に課題の選択や課題順序の選択機会を提供することにより、対象児の選択決定、コミュニケーションスキル、選択に随伴する課題への遂行が高まることが指摘されている（Seybelt et al., 1996）。本研究の結果は、課題に含まれる教材の配置を改善することによって、対象児の選択機会の理解と表出、そして、そのスキルを促すことが可能であることを示している。

4－2）係の設定による効果と手続き
（1）係の設定による課題遂行機会の増加

朝の会における対象児の項目数は、2学期では1学期よりも、3学期では2学期よりも増加し、3学期では全項目を対象児が遂行した。このような項目数の増加は、2学期から導入した係の設定によって、対象児の課題

遂行機会が増加したことを示している。加えて、係の設定は対象児同士の やりとり機会も生じさせた。例えば、1学期では指導者が呼名して対象児 が応えるという指導者と対象児とのやりとりであったが、2学期以降、G4 が呼名して他児が応えるという対象児同士のやりとり機会に変化した。さ らに、3学期後半では、係を設定した項目も含めた指導を構成する全項目 で、対象児の課題遂行の生起は自発レベルで安定した。これらの結果か ら、小集団指導における係の設定は、対象児の課題遂行機会を新たに設定 したり、増やしたりするための有効な操作であり、また、対象児同士のや りとり機会を多く生じさせる操作であると考えられる。

(2) 係の設定手続き

　研究Ⅳの目的の一つは、対象児の主体的な課題遂行を促進する係の設定 が可能になる条件や手続きを検討することであった。

　2学期から呼名を担当したG4のパルを使用した呼名反応は、導入した 最初のセッションから自発レベルで生起した。G4が呼名に使用した氏名 カードは、1学期に指導者と対象児とのやりとりで使用されたものと同じ 形、同じ大きさであったため、氏名カードは既に呼名を行う手がかり教材 として形成されていたと考えられる。このため、2学期にG4が呼名する ようになった時に、氏名カードが呼名のやりとりを行う手がかりとして機 能し、G4の呼名反応の生起が高められたと考えられる。

　また、呼名に対する他児の応答反応については、1学期のT1の呼名で は、自発レベルが安定して認められ、対象児全員がT1の呼名を手がかり に応答反応を生起していた。2学期になり、係としてG4が呼名するよう になっても、G1、G3、G5の3名では自発レベルが維持された。これは、 G4の呼名反応におけるパルの音声が1学期と同じT1の声であったこと、 また、呼名項目の課題手続きを変更しなかったことによると考えられる。 このように係の設定手続きとしては、まず指導者とのやりとりを通じ、対 象児が確実に課題遂行できる手がかりとなる教材を形成し、その上で、係 の設定の際にそれらの教材をそのまま使用することが有効であると考えら

第 5 章　小集団指導における先行操作

れる。

4－3）残された課題

　本研究では、係の設定による対象児同士のやりとり反応の促進について検討したが、その際に、やりとり反応の形成過程、導入した差し棒や絵カードという視覚手がかりの効果、やりとり反応における指導者の位置取りの影響についての分析がさらに必要であると考えられた。

第2節　やりとり機会の設定（研究Ⅴ）注)

1　目的

　小集団指導における係の設定、視覚手がかりの導入、そして指導者の位置取りは、小集団指導における課題場面状況と捉えることができる。研究Ⅴでは、研究Ⅳの成果にもとづき、指導室内の物理的環境設定と係の設定を先行して行い、その上で、指導者ではなく、対象児同士がお互いに弁別刺激となる視覚手がかりの導入、及び指導者の位置取りの変更がやりとり反応に及ぼす効果について検討する。

2　方法

2－1）期間と指導改善の方法

　期間は、X年4月〜X+2年1月、学校の夏期、冬期、春期の休みを除く、約21ヶ月であった。研究Ⅳの終了後に実施した。指導改善の方法は研究Ⅳと同じであった。

注）本研究の内容は「村中智彦・小沼順子（2009）小集団指導を通じた自閉症児と他児とのやりとりの促進．行動科学，48，37-46．」において一部発表した。

2 − 2) 対象児

　研究開始時、知的障害特別支援学校（当時は養護学校）小学部 4 学年に在籍していた。10 歳の知的障害児の G6 と G8、ダウン症児の G7、自閉症児の G9 と G10 の 5 名であった。4 ～ 5 学年の 2 年間、担任は同じであった。対象児の実態として、性別、診断、担任が報告したコミュニケーション能力、課題場面での困った行動、朝の会での個別目標、新版 S-M 社会生活能力検査と田中ビネー検査の結果を Table Ⅴ -1 に示した。5 名とも、発語が不明瞭であったり声量が小さいなどの課題はあったが、単語や二語文レベルの会話能力を有し、運動障害はなかった。

　対象児 5 名は、研究Ⅳの対象児に比べて知的障害の程度は軽く、無発語の対象児はいなかった。いずれも単語レベルか二語文レベルでのやりとりが可能であった。

2 − 3) 対象場面と指導体制

　対象場面はクラス単位で行う朝の会であった。担任がねらいとした朝の会の指導目標は、対象児個々に割り当てられた日付や曜日、今日の天気や1 日のスケジュールなどの係を遂行できること、開始や終了の挨拶や呼名に対する返事などの対象児同士のやりとり機会で適切な手段によって他児に働きかけること、そして他児の働きかけに応じる力を高めることであった。課題内容は、始めの挨拶、健康観察、カレンダーワーク、今日の天気、今日の勉強、給食献立、朝の歌、朝の運動、終わりの挨拶であった。

　担任 2 名がメイン指導者（以下、T1）とサブ指導者（以下、T2）の役割分担によるティームティーチングで指導を行った。

2 − 4) 手続き

(1) 物理的環境設定の改善

　指導開始時、1 学期における指導室内の教材・教具の配置、対象児の着席位置、T1 と T2 の位置取りを Fig. Ⅴ -1 に示した。Fig. Ⅴ -1 のように、

第5章 小集団指導における先行操作

Table V－1　対象児の実態

対象児	性別	診断	コミュニケーション 困った行動	朝の会の個別目標	S-M SQ	ビネー IQ
G6	男	知的障害	単語レベルの発語はあるが、声が小さく不明瞭。指示待ちで動けない。	司会進行の係では、前の対象児の活動終了を手がかりに次のスケジュールが言える。	46	43
G7	男	ダウン症	二語文レベルの発語。困った事態では「○○先生、お願いします」と言える。他児に参加の促しや注意の声かけができる。	日付の係では、前の児童の活動終了を手がかりに前に出て日付を書く。会の進行が滞った際、他児の活動参加を促す。G6の発言が聞こえないときに「聞こえません」と知らせる。	41	32
G8	男	知的障害	単語レベルの発語はあるが、不明瞭。	日付の係では、前の児童の活動終了を手がかりに前へ出て日めくりカレンダーをめくる。G10の「みなさん、いいですか？」の働きかけに○×棒を用いて応える。	44	31
G9	男	自閉症	単語レベルの発語。指示待ちで動けない。一斉教示にすぐに応じられず、他児の動きをモデルとして動くことが多い。	呼名の係では、司会の声かけで前に出て友達を呼名する。相手の動きを見て「○○くん、元気ですか」と言える。	42	30
G10	女	自閉症	単語レベルの発語。発表では鼻にかかる声で発声したり、早口になったりする。自分から他児に働きかけることはない。担任から修正を求められると大声で泣く、相手を蹴る。聴覚過敏で甲高い声に反応して手のひらをかむ、大声で泣く。スケジュールの変更に混乱する。	挨拶の係では、司会の指示で前に出て挨拶の号令をかける。ゆっくりと適切な音量であいさつをする。天気の係では、他児の意見を受けて自分の意見を修正することができる。	46	33

研究Ⅳの成果を踏まえ、対象児が課題遂行しやすい動線に配慮して、対象児用の椅子は黒板を起点に扇形状に配置した。また、机は教室後方に置き、朝の会では直接使用しなかった。

　黒板の前に、対象児が始めの挨拶の号令をかけたり、発表をしたりする位置を示すマット（35cm × 35cm）を置いた。マットには対象児が向く方向がわかるように足形を付加した。黒板には日付の書字や天気カードを貼る位置を示す色枠テープを付けた。教材・教具の配置、対象児の着席位置は、研究期間を通じて変更することはなかった。

(2) 係の設定

　朝の会の全項目を通じて、X 年 4 月〜 7 月（1 学期）では、指導者である T1 と対象児とのやりとりによる課題遂行手続きの形成を行った。T1 が司会進行を担当し、T1 が対象児に一斉教示や個別指示を行い、それに対して、対象児が応答するやりとりを中心とした。

　X 年 9 月以降（2・3 学期と翌年）、T1 が遂行していた一斉指示や個別指示を対象児が遂行する機会として、係を導入した。例えば、1 学期では、T1 が呼名して対象児が「はい」と言って（または挙手して）応答するやりとりであったが、2 学期以降、係の G9 が呼名して他児が応答する手続きに移行した。

　対象児の課題遂行機会を増やすために、担任が行う補足説明や変更の指示を除いて、全ての課題項目で係を設定することを試みた。ただし、複数の項目に同時に係を設定するのではなく、課題手続きが確実に形成された課題から、順次導入した。係を導入する際には、T1 とのやりとりで対象児が遂行できていた視覚手がかりをそのまま使用した。各対象児への係の割り当ては、個別の指導計画における重点指導課題に即して行った。

(3) 視覚手がかりの導入

　視覚手がかりとして、指示棒と○×棒を導入した。指示棒は、段ボール製の黄色の矢印（10cm × 15cm）に赤色の持ち手（5cm × 20cm）が付いたもので、前で発表する対象児が、発表を聞く対象児に対して、発表内容を

第 5 章　小集団指導における先行操作

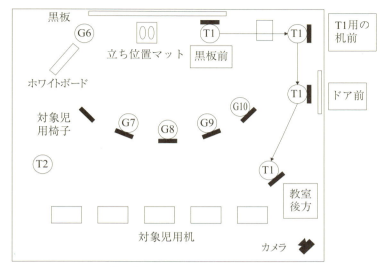

Fig. Ⅴ－1　教室内の物理的環境設定と T1・T2 の位置取り

指し示して注目させるための視覚手がかりであった。○×棒は、○と×の記された札（直径15cm）に持ち手（5cm×15cm）が付いたもので、前で発表する対象児に対して、他児が発表内容の正誤などを評価し、伝えるための教材であった。

　指示棒は、司会進行の G6 と他児とのやりとり反応を促すために導入した。司会進行の G6 の役割は、項目間で、他児に係の遂行を促すことであった。セッション 6 から、T1 に変わって、係の G6 が司会進行を行った。司会進行での G6 の標的反応は、朝の会を進めることであり、例えば、ホワイトボードに貼られた司会進行カードを、手か指示棒で指して読み、その後、給食献立を読む係の G9 に「G9 さん、給食の献立をお願いします」というものであった。この G6 の声かけに対して、他児が前に出て係の仕事を遂行した。セッション 8 から、G6 のカードを指す反応の生起を促すために、また、他児の前に出る反応を促すために指示棒を導入した。

131

G10が、係として、「今日は○月○日、天気は○○（例えば、晴れ）です」と発表し、他児の方を向いて、「みなさん、いいですか」と発語で質問した。このG10の働きかけに対して、他児が「いいです」もしくは「違います」と発語で答えるか、○×棒を挙げて応答した。このやりとり機会は、セッション18から設定された。

(4) T1とT2の位置取りの変更、直接的な援助

　Fig. Ⅴ-1のように、T1とT2は指導者用の椅子に着席した。指導者用の椅子に着席して位置取りを定めることで、役割分担が明確になると考えた。

　当初、T1は教室前方で会の進行を担当し、みんなの前で発表したり係を遂行したりする対象児に対して支援を行った。T1は、全セッションを通じて、指導者用の椅子を用意し、それに着席して、位置取りを決定した。T1は、対象児の課題遂行が生起しなかったときに、定位置か対象児に近づいて言語や動作指示で援助した。課題遂行を促す補助手がかりとして、文字（ひらがな）カードの提示も行った。朝の会の全項目を通じて対象児の課題遂行が確実に生起するにつれて、T1の位置取りを対象児から遠ざけ、文字カードの提示を減じたり遅らせたりした。T1の位置取りを対象児が遠ざけたり、対象児の視線に入らないようにすることで、課題遂行の手がかりがT1の言語・動作指示から、他児の声かけや動きに移行すると推測した。具体的には、Fig. Ⅴ-1のように、T1の位置取りを、1学期のX年4～6月（セッション6～9）では黒板前に、6～7月（セッション10～14）ではT1用の机前に、2学期の9～12月（セッション15～30）では教室のドア前に、3学期の1～3月（セッション31～43）では、教室後方に変更した。

　T2は教室後方において、対象児に対して、T1や係の対象児の言語・動作指示に気づかせたり、技能補助や課題遂行を促したりするなどの支援を行った。T1とT2は、対象児の標的反応が生起しなかったときに、対象児に近づいて言語や動作指示で支援した。対象児同士の相互交渉では、T1

第 5 章 小集団指導における先行操作

と T2 が支援対象の対象児を分担して支援した。

2 － 5) 記録と分析方法

週1回（毎週水曜）、教室全体が撮影できるようにワイドレンズを付けたビデオカメラを教室隅に三脚で固定し、担任が朝の会の開始から終了まで録画した。録画テープの1日分を1セッションとした。担任とは異なる分析者が、ビデオ録画に基づいて以下の分析を行った。

(1) 課題遂行・やりとり機会数の変容

係の設定が対象児の課題遂行機会数や対象児同士のやりとり機会数に及ぼす効果について分析した。1年目のX年4月下旬〜X＋1年2月下旬の約10ヶ月の記録を分析対象とした。1学期14セッション、2学期18セッション、3学期11セッション、計43セッションであった。

ビデオ録画から、セッションごとに、朝の会で実施した課題項目（以下、項目）について、時系列に、誰が（T1、G6〜G10）、どのような内容を遂行したのかを転記した。各項目を、指導者ではなく、G6〜G10が遂行した場合に、課題遂行の内容を転記した。各項目の内容は、T1やT2に確認した。

朝の会の全項目とT1及びG6〜G10の遂行の有無、遂行に関与した項目数と対象児同士のやりとりやT1とのやりとりを含む項目数について、4・5月、6月、9月、10月、12月、1月、2月ごとに整理した。各月における課題項目数を、対象児ごとにまとめて、やりとりを含む項目数と一人で行う項目数に分けた。また、各月の対象児同士のやりとりを含む項目数において、一斉指示機会（全対象児に対する指示レベルとそれへの応答）と個別指示機会（特定の対象児に対する指示とそれへの応答）に分けて整理した。

(2) 課題遂行のレベル

課題遂行（やりとり反応を含む）の変容について検討するために、課題遂行のレベル、注意逸脱反応の生起状況を分析した。

課題遂行の内容：分析対象は、約2ヶ月毎（4・5月、6月、10月、12月、2月）の月末の1セッションであり、計5セッションを抽出した。対象児ごとに、30秒部分インターバルレコーディング法（Alberto & Troutman, 1999）を用いて、以下のように、3つのレベルで記録した。

　レベル2（課題項目の遂行）：指導者が意図した課題遂行や係の遂行。具体的には、歩く、物を手渡す・受け取る・運ぶ・ボードに貼る、手遊びをする、ダンスをする、発表する、応答するなどであった。

　レベル1（課題項目に関連する発語）：着席したままで、課題遂行に関連する発語を表出する。前で発表したり係を遂行したりする他児に声（援助や賞賛など）をかける。

　レベル0（聞く・見る）：着席したままで、指導者や他児の発表を聞く、係の遂行を見る。

セッションにおけるインターバルの開始を朝の会の最初の項目「T1かG6が係の対象児にお願いしますと言う」とし、終了を最後の項目「号令に応じておじぎする」とした。対象児ごとに、ビデオ録画を30秒間隔で静止し、レベル2、1、0のいずれかを記録した。各インターバル内で、レベル1やレベル2の課題遂行が1回でも生起したときに当該遂行が生じたと記録した。対象児ごとに、当該の課題遂行の各レベルが生じたインターバルの割合を「レベル2〜0の課題遂行が生じたインターバル数÷総インターバル数×100（％）」で算出した。

注意逸脱反応の生起状況：対象児ごとに、30秒部分インターバルレコーディング法を用いて、注意逸脱反応の生起を記録した。分析対象は、課題遂行のレベルと同じであり、計5セッションであった。注意逸脱反応を、顔や身体前面を指導者や他児、課題に使用する教材以外の方向に連続して3秒以上逸らす反応と定義した。注意逸脱反応の生起は課題遂行していない状況を表し、注意逸脱率の増加が課題遂行反応の低下を示すと考えた。各インターバル内で1回でも生起したときに当該反応が生じたと記録し

第5章 小集団指導における先行操作

た。「注意逸脱反応の割合（注意逸脱率）を「注意逸脱反応が生じたインターバル数÷総インターバル数×100（％）」で算出した。

(3) 視覚手がかりの導入の効果

指示棒や○×棒という視覚手がかりが、対象児同士のやりとり反応のプロンプトに及ぼす効果を分析した。

指示棒を導入したG6とG9及びG8のやりとり反応のプロンプトレベルを評価した。標的とするやりとり反応は、G6がG9に「給食の献立、お願いします」と言い給食カードを指し示す反応とG9の応答反応（G6の働きかけで前に出る反応）、また、G6がG8に「カレンダーと天気、お願いします」と言い、カレンダーカードを指し示す反応とG8の応答反応（G6の働きかけで前に出る反応）であった。以下のように、プロンプトレベルを設定した。

G6のG9に対する反応では、レベル2（指示棒と給食カード）とレベル1（T1の声かけ・指さし）を設定した。それに対するG9の応答反応では、レベル3（G6の「お願いします」による反応）、レベル2（T1の「お願いします」による反応）、レベル1（T1の指さし・うなずきによる反応）を設定した。

G6のG8に対する反応では、レベル2（指示棒とカレンダーと天気カード）、レベル1（T1の声かけ・指さしによる反応）を設定した。それに対するG8の応答反応では、レベル3（G6の「お願いします」による反応）、レベル2（T1の「お願いします」による反応）、レベル1（T1の指さし・うなずきによる反応）を設定した。

○×棒でのやりとり反応も同様に評価した。

(4) T1の位置取りの効果

T1の位置取りが対象児のやりとり反応のプロンプトに及ぼす効果を調べるために、「給食献立の確認」項目におけるG9のやりとり反応のプロンプトレベルを評価した。G9は、T1の言語・動作指示を待ってから課題を遂行するという指示待ちが顕著であった。このような指示待ちの課題を改善し、他児の働きかけや環境上に設定した手がかりにより課題を遂行す

ることが重要な指導目標であった。

標的とするやりとり反応の一つは、司会進行のG6の「G9くん、お願いします」というG9に課題遂行を促す声かけに対して、献立のプリントを取りに行くであった。もう一つは、G9とG7とのやりとり機会であり、プリントに書かれた献立メニューを読む前に、「G7くん、準備はいいですか」と言う反応であった。以下のように、プロンプトレベルを設定した。

献立のプリントを取りに行く反応では、レベル3（自発（G6の「G9くん、お願いします」による反応）、レベル2（T1の言語指示による反応）、レベル1（T1の動作指示やうなずきによる反応）を設定した。また、「G7くん、準備はいいですか」と言う反応では、レベル3（自発：G7がG9に向いて立った時に反応が出るレベル）、レベル2（T1が文字ボードを提示した時に反応が出るレベル）、レベル1（T1が動作指示をした時に出るレベル））を設定した。

3　結果
3－1）係の設定がやりとり機会に及ぼす影響

Fig. Ⅴ-2に、T1とG6〜G10の課題項目と遂行状況を示した。また、Fig. Ⅴ-3に、T1とG6〜G10の項目数について、対象児同士のやりとりの項目数と対象児が一人で行った項目数を積み上げグラフで示した。また、Fig. Ⅴ-4に、各月の対象児同士のやりとりを含む項目数において、一斉指示機会と個別指示機会の数を積み上げグラフで示した。

Fig. Ⅴ-2とFig. Ⅴ-3より、対象児の遂行した全体の項目数は、月の進捗につれて、全ての対象児において増加した。また、Fig. Ⅴ-3からも、12月以降、全ての対象児において、対象児同士のやりとりを含む項目が増加した。特に、項目1、6、14、23、36の「係の対象児にお願いしますと言う」項目は、4月にはT1が遂行していたのに対して、6月からはG6が司会進行の係として遂行したため、G6では他のG7、G8、G9、G10に比べて、全体の項目数が多かった。

項目7「対象児の名前を呼名する」項目は、9月まではT1が遂行して

第 5 章 小集団指導における先行操作

いたのに対して、10月以降、G9 が遂行した。この項目 7 は、項目 8「挙手して前に出て名前カードを貼る」という他児が応答してやりとりする項目につながっていった。

12月には、項目 9「元気ですかと聞く」、項目 11「元気カードを手渡す」、項目 24「給食献立を読む」、項目 25「給食献立を黒板に掲示する」を、G9 が遂行するようになった。また、項目 21「G10 の発表を評価する」として、G6、G7、G8、G9 の遂行する項目が新たに設定された。1月には、項目 9「元気ですかと聞く」と項目 11「元気カードを手渡す」で、それまで遂行してた G9 に加え、G7 も遂行するようになった。また、項目 13「健康状態を確認する」も新たに追加された。最終月の 2 月には、12月までT1 が遂行していたのに対して、項目 34「他児の運動への参加を評価する」が追加された。

一方、T1 の項目数は、Fig. Ⅴ-3 において明らかなように、月の進捗につれて減少した。2月にT1 が遂行した項目は、項目 34「運動への参加を評価する」のみであったが、この項目も T1 と対象児が一緒に遂行したものであった。

Fig. Ⅴ-4 に、やりとり項目における一斉指示機会及び個別指示機会の項目数を示した。一斉指示機会の項目数は、4月から 2 月まで大きな変化は認められず、12月以降、11、12、13項目へと微増した。係の対象児が他児に対して働きかける一斉指示機会の課題項目では、G10 が起立の号令をかけて他児が応答する（項目 2、3）、G10 が「朝の会を始めます」と号令をかけて他児が応答する（項目 4、5）という開始や終了挨拶に関わる項目が多かった。係の設定に伴い導入した一斉指示機会の項目は、対象児全員の健康状態を発表する（項目 13、14）、カレンダーを読んで発表する（項目 20、21）、今日の予定を発表する（項目 22、23）であった。これらの項目は、いずれも 12月以降の後期に導入されていた。

一方、個別指示機会の項目数は、4・5月で 4 項目であったが、6月以降上昇し、最終月の 2 月では 16項目と増加した。

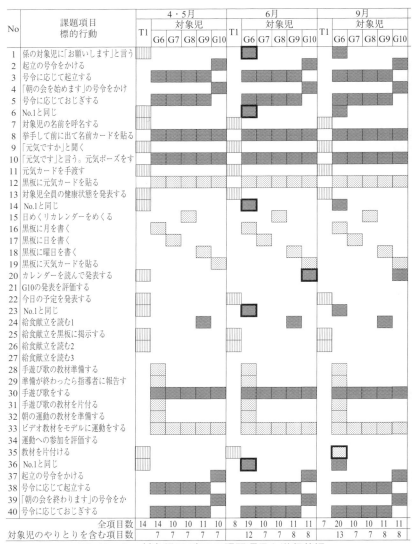

Fig.Ⅴ-2 対象児及びT1の課題項目と遂行状況

第 5 章　小集団指導における先行操作

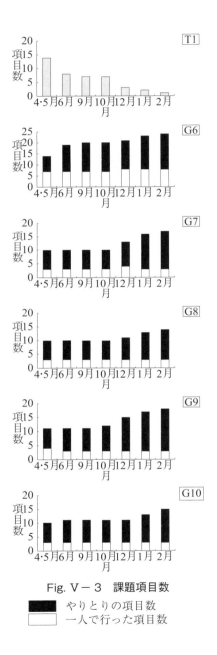

Fig. V-3 課題項目数
■ やりとりの項目数
□ 一人で行った項目数

第 5 章 小集団指導における先行操作

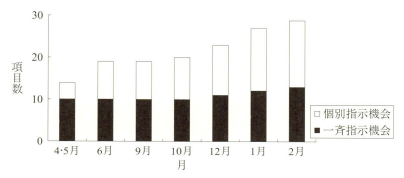

Fig. Ⅴ－4 やりとり項目における一斉指示機会及び個別指示機会の項目数

3－2）やりとり反応の変容
（1）課題遂行の内容

　課題遂行の内容のレベル 2 ～ 0 の割合を Fig. Ⅴ -5 に示した。G7 と G8 の 2 名と、G6、G9、G10 の 3 名で傾向は異なった。

　G7 と G8 では、10 月以降、レベル 1 の課題項目に関連する発語の割合が多くなった。G7 と G8 は、10 月以降、着席したまま他児の課題遂行や係の遂行を見て、「まるー」や「やったー」、「違うー」や「ばつー」などの発語を頻繁に行うようになった。G7 と G8 が互いに発語したり、他の G6、G9、G10 の課題遂行や係の遂行に対して一緒に顔を見合わせながら発語したりすることもあった。

　G9、G10 の 2 名では、レベル 1 はなく、レベル 2 の課題項目の遂行割合が増加する傾向にあり、レベル 0 の見る・聞くの割合は減少傾向であった。また、G6 では、4 月から 2 月まで、レベル 0 とレベル 2 の課題項目の遂行割合がほぼ一定していた。

（2）注意逸脱反応の生起状況

　対象児の注意逸脱率を Fig. Ⅴ -6 に示した。G6、G7、G8、G9 の注意逸脱率は、4 月から 2 月まで、いずれも 5％以下であった。G10 の注意逸脱率は、4 月では 36％であったが、6 月で 17％、10 月で 6％、12 月で 5％、

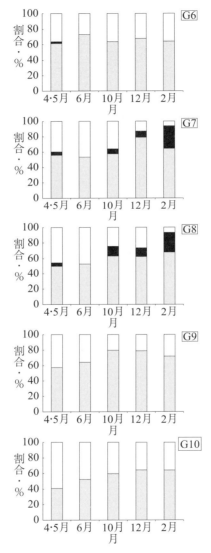

Fig. Ⅴ-5 課題遂行の内容

　　レベル2：課題項目の遂行
　■　レベル1：課題項目に関連する発語
　□　レベル0：見る・聞く

2月で0%と、明確な減少傾向が認められた。4月や6月は、自分の唾を出してそれを顔につけたりこすったりしながら両手を見る、離席して他児の椅子がずれているのを直すなどの反応が認められた。

3－3) 視覚手がかりの導入がやりとり反応に及ぼす効果
(1)「指示棒」がやりとり反応に及ぼす効果

指示棒の導入に関連する G6 と G9、G6 と G8 のやりとり反応の結果について、以下に述べる。

G6 と G9 のやりとり反応のプロンプトレベルの結果を Fig. Ⅴ-7 に示した。Fig. Ⅴ-7 の上のグラフは、G6 が G9 に「給食の献立、お願いします」と言い、給食カードを指し示す反応のプロンプトレベルを示している。Fig. Ⅴ-7 の下のグラフは、G6 の働きかけに対して、G9 が前に出る反応のプロンプトレベルを示している。

Fig. Ⅴ-7 の上のグラフより、初期のセッション 6,7 では、G6 が給食カードを手で指さしたが、この反応はレベル 1 の T1 の言語指示及び動作指示で生起した。セッション 8 以降では、指示棒で給食カードを指す反応が標的となった。この標的反応は、T1 の言語指示ではなく、レベル 2 の指示棒と給食カードを手がかりにして生起するようになった。Fig. Ⅴ-7 の下

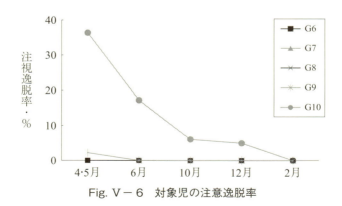

Fig. Ⅴ－6　対象児の注意逸脱率

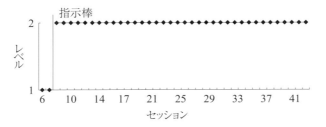

G6 が G9 に「給食の献立、お願いします」と言い、給食カードを指す反応
レベル 2：指示棒と給食カード
レベル 1：T1 の言語及び動作指示

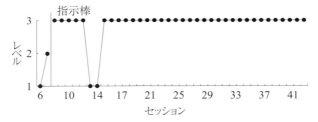

G9 の前にでる反応
レベル 3：G6 の「お願いします」
レベル 2：T1 の「お願いします」
レベル 1：T1 の言語及び動作指示

Fig. Ⅴ－7　G6 と G9 のやりとり反応のプロンプトレベル

のグラフより、G6 の声かけに応答した G9 の前に出る反応は、指示棒を導入したセッション 8 以降、G6 の「お願いします」の声かけと指示棒により生起するセッションが増加した。

　G6 と G8 のやりとり反応のプロンプトレベルを Fig. Ⅴ-8 に示した。Fig. Ⅴ-8 の上のグラフは、G6 が G8 に「カレンダーと天気、お願いします」と言い、カレンダーカードを指し示す反応のプロンプトレベルを示している。また、Fig. Ⅴ-8 の下のグラフは、G6 の働きかけに対して、G8 が前に出る反応のプロンプトレベルを示してる。

　Fig. Ⅴ-8 の上のグラフより、指示棒を導入したセッション 8 以降、G6

第5章　小集団指導における先行操作

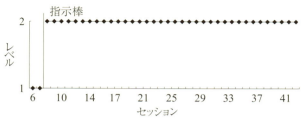

G6がG8に「カレンダーと天気、お願いします」と言い、カレンダーカードを指さす反応
レベル2：指示棒とカレンダーカード
レベル1：T1の言語及び動作指示

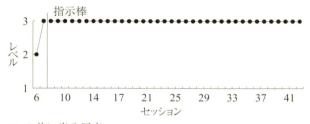

G8の前に出る反応
レベル3：G6の「お願いします」
レベル2：T1の「お願いします」
レベル1：T1の動作指示

Fig. Ⅴ－8　G6とG9のやりとり反応のプロンプトレベル

の指示棒でカレンダーカードを指す反応は、指示棒とカレンダーカードで生起するようになった。Fig. Ⅴ-8の下のグラフより、G6の声かけに応答するG8の前に出る反応は、指示棒を導入したセッション8以降、G6の「お願いします」の声かけと指示棒により生起した。

(2)「○×棒」がやりとり反応に及ぼす効果

「○×棒」の導入に関連するG10とG6、G7、G8、G9とのやりとり反応の結果について、以下に述べる。G10の「みなさん、いいですか」の声かけ反応のプロンプトレベルの結果をFig. Ⅴ-9に示した。また、G6、

145

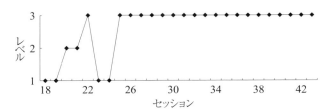

レベル3：日付・曜日・天気を読み終える
レベル2：文字カード
レベル1：T1の言語指示

Fig. Ⅴ－9　G10による「みなさん、いいですか」の声かけ反応

　G7、G8、G9が「いいです」もしくは「違います」と発語で答える、〇×棒を挙げて答える応答反応の結果をFig. Ⅴ-10に示した。

　Fig. Ⅴ-9より、G10の「みなさん、いいですか」の声かけ反応は、初期のセッション18〜24では、レベル1のT1の声かけやレベル2のT1の提示する文字カードであった。しかし、セッション25以降では、G10自身が「日付・曜日・天気を読み終える」という直前の項目の終了を手がかりにして安定して生起するようになった。

　Fig. Ⅴ-10の一番上のグラフより、G10の「みなさん、いいですか」に対するG6の応答反応は、セッション18〜22では、レベル0の遂行なし（答えない）であった。G6は発語できたが、G10の働きかけに発語で答えることはできなかった。しかし、〇×棒を導入し、それを挙げて応答する手続きに変更したセッション23以降では、レベル1（T1のモデル提示と言語指示）やレベル2（T1のモデル提示）での生起が認められるようになり、さらに、セッション33以降では、レベル3（G10の「いいですか」の声かけ）での生起が安定して認められるようになった。同様の傾向は、G8とG9の2名でも認められた。G7は、発語の力が高く、最初のセッション18からG10の働きかけに対して、「いいです」と発語で応答していた。

第 5 章　小集団指導における先行操作

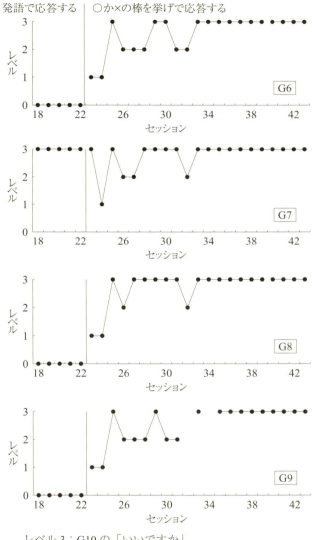

レベル 3：G10 の「いいですか」
レベル 2：T1 のモデル提示
レベル 1：T1 のモデル提示と言語指示
レベル 0：遂行なし（答えない）

Fig. V－10　G6・G7・G8・G9 による応答反応

3 − 4) T1の位置取りがやりとり反応に及ぼす効果

G9の標的反応「献立のプリントを取りに行く」の結果をFig. V -11に、標的反応「G6くん、準備はいいですかと言う反応」の結果をFig. V -12に示した。

Fig. V -11より、標的反応は、セッション6からG9の係として設定したが、T1の位置取りが黒板前であったセッション6～9では、レベル1（T1の言語指示）やレベル2（T1の動作指示）で生起し、レベル3（自発）では生起しなかった。セッション10～14では、T1の位置取りをT1用の机前に変更したところ、セッション10と12でレベル3（自発）が認められたが、安定しなかった。さらに、T1の位置取りを教室ドア前に変更したセッション15～30と、教室の後方に変更したセッション31～43では、レベル3（自発）が安定して生起した。

Fig. V -12より、標的反応は、セッション27で、G9とG7のやりとり機会の係活動として設定したが、T1の位置取りがドア前であったセッション27～30では、自発レベルでは生起しなかった。しかし、T1の位置取りを教室後方に変更したセッション31～43では、レベル3（自発）で安定して生起するようになった。

4 考察
4 − 1) 係の設定によるやりとり機会の変容

対象児の項目数は後半になるにつれて増加し、T1の項目数は減少した。2月におけるT1の遂行は1つだけで、「対象児の運動への参加を評価する」項目のみであった。この結果は、課題場面における係の設定が対象児同士のやりとり機会を増加させたことを示している。

やりとりのある項目での一斉指示、個別指示機会の結果を見ると、係の設定に伴い、個別指示機会が増加していた。この結果は、係の設定によって、対象児が「みなさん、○○してください」などの他児全員に対して一斉に働きかける一斉指示機会よりも、「○○さん、○○してください」と

第 5 章　小集団指導における先行操作

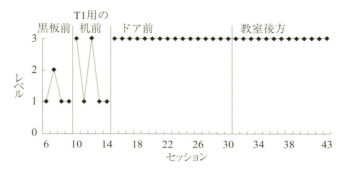

レベル 3：自発（G6 の「D くん、お願いします」）
レベル 2：T1 の言語指示
レベル 1：T1 の動作指示
Fig. Ⅴ－ 11　G9 の献立のプリントを取りに行く反応

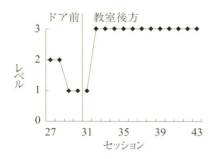

レベル 3：自発（G7 が G9 を向いて立つ）
レベル 2：T1 の文字ボード提示
レベル 1：T1 の動作指示
Fig. Ⅴ－ 12　G9 の「G7 くん、準備はいいですか」と言う反応

いう特定の対象児に働きかける個別指示機会が多かったこと、つまり、ペアでのやりとりが多かったことを示している。

　G7、G8、G9、G10 の 4 名では、セッション後半になるにつれて、レベル 2 の課題項目の遂行の割合が増加した。加えて、G7、G8 では、自分の課題項目のない時間でも、着席したままで、他児の課題遂行を見て発語する反応が頻繁に認められるようになった。この発語は、自分の課題項目の

ない時間で認められ、具体的な発語内容は、他児の課題遂行の様子を見て、「まるー」や「やったー」と言ったり、「違うー」や「ばつー」と言うものであった。「まるー」や「やったー」の発語は、その内容から、他児の課題遂行を確認し、それに対する賞賛を意味するものと考えられる。また、「違うー」や「ばつー」の発語は、他児の課題遂行に対する修正を伝えるものと考えられる。

G7とG8で認められた他児の課題遂行に対する賞賛や修正を伝える発語は、指導者が最初から標的としたものではなかったが、指導者はそれらの発語を禁止したり統制したりする働きかけを行わなかった。むしろ、対象児同士の自発的で望ましいやりとり反応として、積極的に評価した。このような指導者の手続きが、さらに、G7とG8の他児への賞賛や修正の発語を引き出し、増加させたと考えられる。

注意逸脱率の結果について、G6、G7、G8、G9の4名では、注意逸脱率は4月から2月まで低かった。G10も、4月の注意逸脱率は高かったが、漸次減少する傾向が明らかであった。これらの結果は、後半の2月末では、G10を含めた対象児全員が自分の課題項目の遂行機会のないときでも、他児の課題遂行に注意を向けていたことを示している。

12月以降、天気の係のG10が天気カードを選択した直後に、G7とG8が「まるー」「やったー」と発語し、その発語を受けてG10が笑顔になるといったやりとりが何度も観察された。また、G7とG8の「ちがうー」「ばつー」の発語を受けて、G10が天気カードの選択を変更するやりとりも認められた。G7とG8では、G10に対して「まるー」と発語して賞賛を与えることによってG10が笑顔になるという結果事象が、賞賛の発語を高める強化刺激になっていたと考えられる。また、G10に対して、「ちがうー」と修正の発語を行うことで、G10が修正してくれるという結果事象は、言語による環境統制であり、修正の発語を支える強化刺激になっていたと考えられる。

G7とG8の課題項目の設定されていない時間に、他児への賞賛や修正

第 5 章　小集団指導における先行操作

を伝える発語が増加した背景には、小集団指導を通じて、対象児同士のやりとり機会を繰り返し設定したことが貢献していると考えられる。このようなやりとり反応の形成を通じて、他児にどのように働きかければ良いのか、他児はどのように応答してくれるのかの理解が促され、さらにやりとり反応が活発になったと推測される。

また、他のG6、G9、G10の3名も、他児の課題遂行に対して自ら発語するまでのスキルはなかったが、注意逸脱率が低かったように、課題項目の遂行機会のない時間でも、見る、聞くという課題遂行は維持していたといえる。

4－2）視覚手がかりの導入がやりとり反応に及ぼす効果

視覚手がかりの指示棒を導入することにより、G6がG9に働きかける反応とそれに応えてG9が前に出る反応、G6がG8に働きかける反応とそれに応えてG8が前に出る反応の自発レベルは高まった。指示棒の導入は、G6の給食やカレンダーカードを指し示す反応を容易にしたと考えられる。また、G6の指し示す反応が誰に向けられているか、何を指示しているかが明確になったことで、G9やG8の応答反応が高まったと考えられる。

○×棒の導入について、発語で応答できるG7では、○×棒を導入する前から、レベル3のG10の「いいですか」で応答できていた。一方、G6、G8、G9の3名では、○×棒を挙げて応答する手続きを導入したことで、応答反応の自発レベルが高まった。○×棒を挙げて応答する反応は、発語で応答する反応よりも、容易であったと考えられる。G6、G8、G9は、発語可能であったが、一語文レベルで、声量は小さく不明瞭であった。G6、G8、G9の3名にとって、発語での応答の反応努力は高く、○×棒を挙げる動作の反応努力は低かったといえる。○×棒を挙げる動作によって、G10の「みなさん、いいですか」の声かけへの応答が容易になり、自発レベルが高まったと考えられる。このような視覚的にわかりやすく、手に持って扱える○×棒の導入により、G6、G8、G9の応答反応を高

めることができた。

　また、G6、G7、G8、G9の応答反応の促進に伴い、G10の「みなさん、いいですか」の声かけ反応は、「日付・曜日・天気を読み終える」という直前の項目の終了を手がかりに生起するようになった。G10の声かけ反応は、G6、G7、G8、G9からのフィードバックを明確に得たことで、プロンプトレベルが高まったといえる。

4－3）指導者の位置取りがやりとり反応に及ぼす効果

　G9は、T1の位置取りが黒板前やT1用机の前であったとき、T1の言語及び動作指示がないと、献立のプリントを取りに行く反応を生起できなかった。G9は、T1が黒板前や指導者用机の前に位置取ったときには、T1のプロンプトを頼りにした。T1の「いいですよ」「はい」などの言語賞賛やうなずきの反応プロンプトがないと課題遂行が困難であった。G9のプロンプト依存（Cuvo & Davis, 1998）は、T1の意図に反して固く形成されており、対象児の中でも顕著であった。このプロンプト依存は、G9が黒板前を向いており、その方向にT1が位置取っていたためと考えられる。しかし、T1の位置取りをドア前や教室後方に変更すると、司会であるG6の「G9くん、お願いします」の声かけ（自発レベル）で課題遂行が生起するようになった。また、G9のG7に対する「G7くん、準備はいいですか」と声かけを行うやりとり機会では、指導者の位置取りが後方になったことで、自発レベルが安定して生起するようになった。T1の位置取りをドア前や教室後方に変更したことで、T1がG9の視界に入らなくなった。G9がT1のプロンプトを得るためには、横を向いたり後方を振り返ったりすることが必要であった。横を向く、後方に振り向く反応は、G9にとって反応努力が大きく、正面にいるG6の働きかけをプロンプトとした方が反応努力は小さかった。T1からの教示や指示が得られにくくなったことで、正面にいる他児の働きかけをプロンプトとする機会が生じ、T1の声かけから他児の働きかけへとプロンプトが転移したと推測される。こ

第5章　小集団指導における先行操作

れらの結果は、G9の課題遂行のプロンプトが指導者の位置取りの変更によって変化したこと、即ち、T1の言語及び動作指示からG6やG7の声かけへと刺激性制御の転移が生じ、G9がG7の声かけをプロンプトに課題遂行を生起するという、指導者のプロンプトに依存しない自発的なやりとり反応が生じていたことを示している。このようなT1の位置取りの変更に伴うプロンプトの遅延や減少が、課題遂行の手がかりをT1から他児の声かけに転移させることに大きく作用したと考えられる。

第 6 章　総合考察

　本研究は、知的障害児を対象に、個別指導と小集団指導のそれぞれの指導形態の特徴に応じた先行操作を適用し、それに伴う課題遂行の変化を検討した。さらに、その結果に基づいて指導プログラムの在り方についても検討した。

第 1 節　個別指導における先行操作と課題遂行に及ぼす効果

1　試行間間隔の設定とその効果

　従来の個別指導に関する研究では、設定された課題における遂行手続きが中心に検討されている（Dunlap et al., 1983；片倉，1979；清水ら，1984；杉山，1980）。個別指導において、試行間やセット間を含めた先行操作について十分に検討されていなかった。

　本研究の研究Ⅰ-1 では、対象児が任意に課題を遂行できる対象児任意遂行条件（ND 条件）と、先行する試行での課題遂行完了時から 5 カウントを遅延して教示する条件（5D 条件）を実施し、両条件における対象児の課題遂行に及ぼす先行操作の効果を比較した。その結果、ND 条件では、5D 条件に比べて、潜時の短い課題遂行数が増加した。また、課題遂行の潜時が短くなることで単位時間当たりの試行遂行数も増加する傾向が認められた。ただし、ND 条件の適用による正反応率の上昇は認められなかった。

　このような結果が得られたことについて、対象児が任意に課題を遂行で

第6章 総合考察

きるITIを設定したことに起因するのか、それとも比較条件であった5カウントよりもITIが短かったことに起因したのかは明らかではなかった。また、5D条件の5カウントという遅延時間は、実際の指導場面を想定すると長すぎると考えられた。さらに、ITIの設定と逸脱反応の生起との関連に関するデータは十分に得られなかった。

そこで、続く研究Ⅰ-2では、ITIの設定として、実際の個別指導で生じやすい遅延間隔として捉えることができる3カウントの間隔で教示を遅延する3D条件を新たに追加した。この3D条件を加えて、3つの条件間において、課題遂行の潜時が2秒以内の反応数を比較するとともに、逸脱反応の割合も比較した。その結果、課題遂行の潜時2秒以内の反応数は、5D条件と3D条件よりも、ND条件において増加した。また、逸脱反応は、ND条件よりも、5D条件と3D条件で多くなった。

以上、ITIの設定に関わる2つの研究結果から、対象児が任意に課題を遂行できる条件が課題遂行そのものを高める上で最適であると考えられた。この条件は、実質的にITIを0秒にする設定として捉えることができる。ITIを0秒に設定することで、対象児が課題を遂行しようとすれば、いつでもどのような反応でも自発できるという任意性を高めることができる。これにより、ITIでの反応禁止操作、つまり試行間で待つ反応を形成する必要はなくなる。

また、ITIを0秒とすることで、単位時間当たりの試行遂行数は増加するため、個別指導の時間内に、より多くの試行が可能になる。さらに、対象児が任意に課題を遂行できる場面は、その場面それ自体が課題遂行を高め、逸脱反応を生じにくくさせる状況事象として機能したといえる。教示の遅延手続きは、逸脱反応の生起を上昇させることから、課題の嫌悪性を高めると考えられる。即ち、課題の難度が高く、正反応率が低い未習得課題では一般に課題の嫌悪性は高くなるが（Kern & Dunlap, 1998）、単位時間当たりの試行数を増やす操作により正反応率は上昇する可能性がある。

従来、ITIの設定は先行操作として位置づけられてきたが、本研究で実

施したITIの手続きは先行操作であると同時に、課題遂行を高め、維持することに作用する結果操作にもなっていた。ITIを0秒とする設定は、指導者のカードを取る反応の先行操作であり、同時に、その反応の生起を高め、維持する正の強化という結果操作にもなっていた。つまり、本研究のように、課題中の試行が繰り返され連続する課題においては、ITIは先行操作であると同時に結果操作にもなり得ることを示している。

2　セット間の設定とその効果

　研究Ⅰで検討した試行間と同様に、個別指導における試行のセット間も、対象児が遂行すべき活動のない空白の時間である。研究Ⅱでは、この個別指導のセット間の設定について検討した。セット間の設定として、指導者が課題準備を行う条件（A条件）と、対象児がそれを行う条件（B条件）を実施した。セット間と試行時間における離席反応と注視逸脱反応の生起率、試行時間における試行遂行率と正反応率を両条件間で比較した。その結果、離席反応も注意逸脱反応も、その生起率は課題内容に関係なく、A条件のセット間でB条件に比べて高まる傾向が認められた。この結果は、セット間において課題準備や片付けの遂行機会を設定することで、逸脱反応の生起を未然に防ぐことができることを示している。我々の日常の生活場面を想定したとき、活動に必要な物品の準備を行ってから活動を遂行し、使用した物品の片付けを行う機会は頻繁にある。この一連の文脈は、機能的で実用的な学習課題であり、物品や道具を取り扱うスキルの形成機会にもなるといえる。また、研究Ⅱの結果から、本研究で採用したセット間の設定条件の違いは、試行時間における逸脱反応の生起や試行遂行数、正反応率に対して影響を及ぼさないことも明らかになった。

　以上の結果は、対象児が課題準備を遂行している事態では逸脱反応が起きにくくなることを示しており、セット間の設定状況が逸脱反応の生起を左右していることを示唆している。

3 課題の選択機会の設定とその効果

　研究Ⅲでは、対象児自らが課題の選択を行うことが課題遂行を高めるかどうかを検討するために、指導者が遂行課題を選択する条件（NC条件）、対象児が遂行課題を選択する条件（C条件）、C条件で対象児が選択した課題を指導者が選択する条件（YNC条件）を設定した。その結果、C条件において、NC条件とYNC条件に比べて、潜時が3秒以内であった課題遂行の試行数は高い水準を示した。即ち、C条件のいずれの課題においても、対象児の課題遂行が早まった。この結果は、対象児が課題の選択を行うこと自体が課題遂行を促進することを示している。個別指導において、対象児に課題の選択機会を提供することにより、複数の課題の中から一つの課題を選択するという自己決定が可能になり、自分で選択結果を統制することができる。このような対象児自らが環境を統制できる状況事象では、対象児の反応性や課題への動機づけは高まると考えられる。

第2節　小集団指導における先行操作と課題遂行に及ぼす効果

1　課題遂行機会の設定とその効果

　小集団指導を対象とする先行操作に関する研究では、物理的環境設定の改善が多く認められた。小集団指導の特徴に応じた先行操作として、物理的環境設定の改善は重要な観点であるといえる。

　施設での生活や地域での余暇という集団場面において、物の配置を改善することで、対象児同士の会話が引き出されたり増加したりすることが報告されている（Green et al., 1984；Melin & Gotestam, 1981）。ただし、これらの研究では、物理的環境設定は指導変数として扱われており、小集団指導における物理的環境設定の改善が対象児の課題遂行に及ぼす効果に関しては実証的に研究されていない。

　そこで、研究Ⅳでは、課題遂行における物理的環境設定の改善効果を検討した。具体的には机がある環境とない環境を設定した。その結果、机と

椅子の設定よりも、指導室内の机を撤去して椅子のみで対象児が着席する設定において、対象児の起立反応の自発レベルが高まった。机を撤去して椅子のみで着席するという物理的環境設定の改善が、机のある設定に比べて対象児の起立反応に要する反応努力を低減させ、自発レベルを高めたと考えられる。また、教材の配置を変えることで、対象児同士が向き合ってやりとりをする機会を設定したり、呼名の係の対象児が使用する氏名カードをランダムに配置することで他児に呼名を行う順番の選択決定の機会を提供したりすることができた。

これらの結果は、小集団指導における物理的環境設定の改善は、適切な課題遂行の自発を促す弁別刺激となり、課題遂行に要する反応努力を下げ、逸脱反応を生じにくくする先行操作として有効であることを示している。

2　やりとり機会の設定とその効果

研究Ⅳでの物理的環境設定の改善は、小集団指導における対象児個々の課題遂行を高める先行操作となった。研究Ⅴでは、その効果の上に、係の設定、視覚手がかりの導入、指導者の位置取りの変更を行い、対象児同士のやりとり機会を設定した。

2-1)　係の設定

係とは、小集団指導の中で、特定の対象児が他児に号令をかけたり司会進行を行ったりするなどの役割を担う活動である。指導者と対象児とのやりとりによって個々の課題遂行の生起が安定した後に、順次、係を導入した。その結果、対象児の課題遂行数は、学期が進むにつれて増加し、最終的には全項目を対象児が遂行するようになった。研究Ⅴの結果より、係の設定によって、対象児の課題遂行機会の多くは対象児同士のやりとりを含むことが明らかにされた。即ち、係の設定が対象児同士のやりとり機会を増加させた。

第6章　総合考察

　このような係に伴う課題遂行を可能にする条件としては、まず対象児が確実に遂行できる手がかりとなる教材を指導者とのやりとりを通じて形成すること、その上で、係の設定の際に指導者とのやりとりで遂行できていた手がかり教材をそのまま使用することが必要である。この手続きをとることによって、指導者と対象児のやりとりから、対象児同士のやりとりに変わっても、対象児の課題遂行の生起レベルは維持されると考えられる。

2-2) 視覚手がかりの導入

　視覚手がかりがやりとり反応のプロンプトに及ぼす影響を検討した。その結果、対象児同士のやりとり機会において、視覚手がかりである指示棒を使用したことで、司会進行の対象児がスケジュールを指し示す反応と、それに応えて他児が前に出る反応の自発レベルが高まった。指示棒の使用は、司会者のスケジュールカードを指し示す反応努力を下げ、やりとり反応の生起を容易にしたと考えられる。また、司会者の指し示す反応が明確になったことで、他児が前に出る応答反応も高まったと考えられる。

　係の設定に基づく対象児同士のやりとり機会では、聞き手の対象児が、発語ではなく、○×棒という視覚手がかりとなる教材を用いて応答する手続きも導入した。このような対象児が見てわかりやすく、手に持って扱える教材を使用したことによって、応答反応の自発レベルは高まった。○×棒を挙げるという応答反応は、「いいです」「違います」といった発語での応答よりも容易であったと考えられる。さらに、聞き手の○×棒を用いた応答反応の自発レベルが高まったことで、話し手の対象児にとっては明確なフィードバックが得られるようになり、「みなさん、いいですか」という話し手の反応の自発レベルも高まった。

　これらの結果は、対象児同士のやりとり機会において、視覚手がかりとなる教材を導入したことによって応答反応が容易となり、対象児同士の自発的なやりとり反応が促されたことを示している。

2-3) 指導者の位置取りの変更

　指導者の位置取りの変更が対象児同士のやりとり反応のプロンプトに及ぼす効果を検討した。その結果、指導者によるプロンプト依存が顕著であった対象児では、指導者の位置取りをドア前や教室後方に変更したことで、司会進行をする他児の声かけによって、標的とする課題遂行ややりとり反応が生起するようになった。また、対象児の他児に対する声かけの自発レベルが安定して生起するようになった。これらの結果は、対象児の標的反応の生起に関わるプロンプトが指導者の位置取りによって変化し、プロンプトが声かけや動作指示から対象児の声かけへと刺激性制御の転移が生じ、指導者のプロンプトに依存しない自発的なやりとり反応が生じたことを示している。

　課題遂行ややりとり反応の内容の分析結果から、2名の対象児において、課題項目の設定されていない時間に、他児への賞賛や修正を伝える発語が増加することが認められた。このようなやりとり反応の質的変容の背景には、小集団指導を通じて、対象児同士のやりとり機会を繰り返し設定したことが関係していると推測される。

　対象児同士のやりとり、向社会的行動の増加というポジティブな変化は、小集団指導において対象児同士がともに等しい目標のもとで、共通の課題に従事し、対象児間の積極的な関係や学業的進歩を促進する試みである協同学習（Tateyama-Sniezek, 1990）の成立にもつながる（小島, 2001；Lew, Mesch, Johnson, & Johnson, 1986）。協同学習とは、小集団という指導形態を活用した教育方法であり、生徒らが一緒に取り組むことで自分の学習とお互いの学習を最大限に高めようとするものである（Johnson, Johnson, & Holubec, 1993）。学習集団メンバーの一人ひとりがよりよく成長することを、メンバー全員が目標にして学ぶことである（杉江, 2004）。

　本研究においても、小集団指導の展開を通じて認められた対象児同士の自発的なやりとり反応、他児の課題遂行に対する発語、他児の課題遂行を

見て確認するというポジティブな反応は、支援学校に多く在籍する中度・重度知的障害児や自閉症児の協同学習の基盤となるものと考えられる。小集団指導における対象児同士のやりとりスキルの促進や協同学習をテーマとした研究では、その対象が通常学級に在籍する健常児、学習障害児、ADHD児、軽度知的障害児である場合が多いが（Bryrant & Bryrant, 1998；Jacques, Wilton, & Townsend, 1998；Walsh & Jones, 2004；吉利，2004）、本研究の結果は、支援学校に在籍している中度・重度知的障害児や自閉症児を対象とした協同学習を成立させる上での方法論に関わる基礎的な資料を提供するものと考えられる。

第3節　先行操作に基づく指導プログラム

次に、本研究で得られた結果を踏まえて、知的障害児の教育臨床に向けて、課題遂行を促進するための先行操作に基づくプログラムの在り方についてまとめる。

1　個別指導のプログラム

個別指導では、対象児が任意に課題を遂行できるようにITIを0秒に設定する。具体的には、対象児の課題遂行完了時に次試行の課題提示を行う手続きをとる。ITIを0秒に設定することで、フリーオペラントに近似した手続きとなり、対象児の反応速度に即して、単位時間あたりの試行遂行数を増やすことができる。本研究で実施した絵カードや単語カードなどの見本合わせ課題では、十分な試行数の確保が必要であり、試行数の増加は学習の早期形成を図る上での基盤となる。知的障害児は、課題学習を成立させるために、障害のない定型発達児よりも、より多くの試行を必要とするといわれる（Repp & Krash, 1991）。また、試行数の増加は強化量の増加にもつながる（Kern & Clements, 2007；Saunders & Saunders, 1998；Skinner et al., 1996）。見本合わせ課題では、ITIを0秒に設定し、試行数の増加を試みた

上で、正反応率の上昇に対して直接作用するプロンプト法（加藤，1997）、比較刺激の同時弁別を促進させる試行ブロック化手続き（Saunders & Spradlin,1989）、対構成手続き（山本，1987）等の導入が有効であろう。併せて、セット間では、対象児が課題準備を遂行する機会を設定する。これによりセット間での課題遂行を待つ事態はなくなり、逸脱反応の生起を未然に防ぐとともに、対象児が自分で課題を準備したり片付けたりする日常に役立つ実用的なスキルの形成につながる。

　次に、課題遂行機会の質に関わる選択機会を設定する。選択機会の設定は、対象児の自己決定や自ら環境を統制する機会を提供し、課題遂行への反応性や動機づけを向上させると考えられる。先に述べた ITI の設定条件は、単位時間当たりの課題遂行の多寡を左右し、またセット間で対象児が課題準備を行うことで、新たな活動の遂行機会が生じる。即ち、個別指導における ITI やセット間の設定は、課題遂行機会の多寡に関わる先行操作として捉えることができる。それに対して、課題の選択機会の設定は、どのような課題遂行機会が望ましいのかという機会の質的な側面に関わる先行操作として捉えることができる。

2　小集団指導のプログラム

　小集団指導では、物理的環境設定の改善を図った上で、課題場面状況を改善する。まず、係を設定し、対象児個々の課題遂行機会を増加させる。係の設定とは、指導者が遂行していた課題項目を対象児に移行する手続きであり、係の設定は対象児同士のやりとり機会を生じさせる。即ち、係の設定によって、割り当てられた係や役割を分担し遂行することで、対象児個々が集団内の一員としての自覚を高めると同時に、仲間意識を育てることにつながると考えられる。

　また、係の設定による対象児同士のやりとり反応を促進するためには、発語でのやりとりを補完できる物や動作を介したやりとりを可能にする視覚手がかりの導入が有効である。こうした物や動作を介したやりとり反応

第 6 章　総合考察

は、働きかけに対する即時で明確なフィードバックを提供し、自発的なやりとり反応を促すと考えられる。

　さらに、指導者のプロンプトから対象児のプロンプトへの移行を図る。指導者は、対象児の視界に入らないように指導室の後方に位置取り、教示を遅延したり弱くしたりすることで、対象児同士が手がかりとなる自発的なやりとり反応が促されると考えられる。

第 7 章　結論と今後の課題

第 1 節　結論

　個別指導における試行間間隔の設定として、対象児が任意に課題を遂行できる ND 条件が課題遂行を高める上で最適であり、この条件は、実質的に試行間間隔を 0 秒にする設定である。また、セット間では、対象児が課題準備を行う B 条件に設定することで逸脱反応の生起を防ぐことができる。さらに、対象児が課題の選択を行うこと自体が課題遂行を促進する。
　小集団指導における物理的環境設定の改善は、課題遂行の自発を促す弁別刺激となり、課題遂行に要する反応努力を下げ、逸脱反応を生じにくくする。また、物理的環境設定の改善に基づく係の設定は、対象児同士のやりとり機会を増加させる。対象児同士のやりとり機会において、視覚手がかりを導入したり、指導者の位置取りを変更したりすることで、応答反応が容易となり、指導者のプロンプトに依存しない自発的なやりとり反応が促される。
　従来の先行研究では、まずは個別指導を行い、その後に小集団指導へと展開するプログラムの適切性が示されていた（清水ら，1984；片倉，1979；Koegel & Rincover, 1974；Repp & Krash, 1991）。しかし、本研究の結果は、両指導形態では対象児の課題遂行や逸脱反応の生起に影響を及ぼす先行条件が異なり、それぞれの指導形態の特徴に応じた先行操作の導入が必要であることを示している。個別指導では、試行間やセット間の設定を改善し、待ち時間が少なく、対象児がいつでも課題遂行できるフリーオペラント型

の指導環境の構築が必要である。また、小集団指導では、物理的環境設定を改善した上で、係の設定、視覚手がかりの導入、指導者の位置取りの工夫などにより、対象児同士のやりとり機会を設定することが必要である。

第2節　今後の課題

　本研究では、個別指導や小集団指導において、対象児の課題遂行を促進させる先行操作に着目し、その効果を検証した。その際、本研究では、課題の正反応率の上昇は認められなかった。なぜこのような結果となったのか、またその改善の方策について検討が必要である。
　関連して、ITIや選択機会の設定が課題遂行の潜時に及ぼす影響や要因の分析も必要である。個別指導では、ITIを0秒とする設定で課題遂行の潜時が早まった。また、選択機会の設定でも、選択条件において課題遂行の潜時が早まった。潜時は、被験体の内的な心理過程を推論するものとして重要な役割を持っている（岩本・川俣, 1990）。選択機会の設定に関連して、Lancioni et al.（1996）は、「課題や強化刺激の選択機会の提供は、対象者にモチベーションを高める状況や外的な力への対立を減少させる状況を統制できる感覚を与えるのかもしれない」と述べている。また、先行操作は、対象児の社会的刺激や環境刺激への反応性を高め、学習率や動機づけを高める機能を生じさせることが示唆されている（Dunlap & Egel, 1982；Koegel et al.,1998）。今後、動機づけを反映するといわれる対象者の注目行動（Maehr, 1984）を標的として、先行操作の導入によって課題への注視行動が高まるか、維持されるかなど動機づけに関連する実証的な分析が必要である。
　さらに、本研究では、目的に示したように、課題中に認められる逸脱反応については、課題遂行の促進に関わる副次的な効果として検討した。個別指導におけるITIの設定や小集団指導における係の設定に基づく豊富な課題遂行機会の設定が対象児の逸脱反応を低減させるという肯定的な結果

は得られたが、近年の逸脱反応に関する研究成果から考えると、これらの先行操作を導入しても、課題中の逸脱反応が生起する事態は少なくないと推測される。指導展開に伴って課題の難度を上げることで課題の嫌悪性が高まり、逸脱反応が生じやすくなると考えられる。対象児の課題遂行を促進させるための先行操作を徹底して行い、その上で生じる逸脱反応に対して機能分析を行い、その結果に基づいて代替となる望ましい行動を形成していくアプローチが必要である。このような先行操作の導入後の逸脱反応への介入プログラムの開発も今後に残された課題である。

引用文献

AAIDD: American Association on Intellectual and Developmental Disabilities(2010) *Intellectual disability : Definition, classification, and systems of supports./The AAIDD Ad Hoc Committee on Terminology and Classfication:11th ed.* Washington, DC: Author.

阿部芳久（1997）授業の設計．日本文化科学社．

Alberto, P., Jobes, N., Sizemore, A., & Doran, D. A. (1980) Comparison of individual and group instruction across response tasks. *Journal of the Association for the Severe Handicapped,* 5, 285-293.

Alberto, P. A., & Troutman, A. C. (1999) *Applied behavior analysis for teachers: 5th ed.* 佐久間徹・谷晋二・大野裕史訳（2004）はじめての応用行動分析第2版．二瓶社．

Alexander, R. N., Corbett, T. F., & Smigel, J. (1976) Brief research report: The effects of individual and group consequences on school attendance and curfew violations with predelinquent adolescents. *Journal of Applied Behavior Analysis,* 9, 221-226.

青木美和・山本淳一（1996）発達障害生徒における写真カードを用いた家庭生活スキルの形成－親指導プログラムの検討－．行動分析学研究，10, 106-117.

青山真二（1995）作業システムの構造化の有効性について－特殊学級における作業形態の個別化と3段ラックの使用を通して－．特殊教育学研究，35, 1-5.

APA: American Psychiatric Association (1994) *Diagnostic criteria from DSM-IV.* 高橋三郎・大野祐・染矢俊幸（訳）(1995) DSM-IV精神疾患の分類と診断の手引き．医学書院．

Apolloni (1977) Establishing a normal peer as a behavioral model for developmentally delayed toddlers. *Perceptual and Motor Skills,* 44, 231-241.

浅野俊夫（1975）ニホンザルの実験的行動分析における理論的展開．心理学評論，18, 181-197.

Asano Toshio (1976) Some effects of a discrete trial procedure on differention learning by japanese monkeys. *Primates,* 17, 53-62.

Bambara, L. M., Ager, C., & Koger, F. (1994) The effects of choice and preference of adults with severe disabilities. *Journal of Applied Behavior Analysis,* 27, 555-556.

Barlow, D. H., & Hersen, M. (1984) *Single case experimental designs: Strategies for studying behavior change* (2nd ed.). 高木俊一郎・佐久間徹監訳（1988）一事例の

実験デザイン-ケーススタディの基本と応用-. 二瓶社.

Bartak,L., & Rutter,M. (1973)Special educational treatment of autistic children: A comparative study. 1. design of study and characteristics of units. *Journal Child Psychol Psychiatry,*14,161-179.

Berler, E. S., Gross, A. M., & Drabman, R. S. (1982) Social skills training with children: Proceed with caution. *Journal of Applied Behavior Analysis,* 15, 41-53.

Bryant, D. P., & Bryant, B.R. (1998) Using assistive technology adaptations to include students with learning disabilities in cooperative learning activities. *Journal of Learning Disabilities,* 31, 41-54.

Cameron, M. J., Maguire, R. W., & Maguire, M. (1998) Lifeway influences on challengening behevior. In J. K. Luiselli., & M. J. Cameron (Ed.) *Antecedent control: Innovative approaches to behavioral support.* Paul. H. Brookes, Baltimore, Maryland, 273-288.

Carnine, D. W. (1976) Effects of two teacher-presentation rates on off-task behavior, answering correctly, and participation. *Journal of Applied Behavior Analysis,* 9, 199-206.

Carolyn,H., Pitkin,S.E., & Lorden,S.W. (1998) Assessing preferences and choice of persons with severe and profound mental retardation. *Education and Training in Mental Retardation and Developmental Disabilities,* 33, 299-316.

Clarke, S., Tampa, U., Dunlap, G., Foster-Johnson, L., & Childs, K.E. (1995) Improving the conduct of students with behavioral disorders by incorporating student interests into curricular activities. *Behavioral Disorders,* 20, 221-237.

Coe, W. C. (1990)Some conditions of compliance and resistance among hypnotic subjects: Comment: Are the conclusions valid?. *American Journal of Clinical Hypnosis,* 32, 237-239.

Cole, C. L., Davenport, T. A., Bambara, L. M., & Ager, C. L. (1997) Effects of choice and task preference on the work performance of students with behavior problems. *Behavioral Disorders,* 22, 65-74.

Combs, M. L., & Slaby, D. A. (1977) Social skills training with children. In B .B. Lahey., & A. E. Kazdin.(Eds) *Advances in child clinical psychology,*Vol.1, New York: Plenum.

Cuvo, A. J., & Davis, P. K. (1998) Establishing and transferring stimulus control: Teaching people with developmental disabilities. In J. Luiselli., & M. Cameron. (Eds.) *Antecedent control.* Baltimore: Paul H. Brookes, Baltimore, Maryland, 347-369.

Davis, C. A., Reichle, J. E., & Southard, K. L. (2000) High-probability requests and a preferred item as a distracter: Instructing successful transitions in children with behavior problems. *Education and Treatment of Children,* 23, 423-440.

Dawson, J. E., Piazza, C. C., Sevin, B. M., Gulotta, C. S., Lerman, D., & Kelley, M. L. (2003) Use of the high-probability instructional sequence and escape extinction in a child with food refusal. *Journal of Applied Behavior Analysis,* 36, 105-108.

Denno, D., Phillips, L. R., Harte, H. A., & Moomaw, S.（2004）Creating a supprtive classroom environment. In S.H. Bell., V. Carr., D. Denno., L.J. Johnson., L.R. Phillips. (Eds.)*Challenging behaviors in early childhood settings:creating a place for all children.* Paul H Broolkes, Baltimore, Maryland, 49-66.

Derby, K. M., Wacker, D. P., Sasso, G., Steege, M., Northup, J., Cigrand, K., & Asmus, J. (1992)Brief functional assessment techniques to evaluate aberrant behavior in an outpatient clinic: A summary of 79 cases. *Journal of Applied Behavior Analysis,* 25, 713–721.

Doll, E. A. (1953) *Measurement of social competence: A manual for Vineland Social Maturity Scale.* Circle Pines, MN: Americal Guidance Service.

Ducharme, J. M., & Worling, D. E. (1994) Behavioral momentum and stimulus fading in the acquistion and maintenance of child compliance in the home. *Journal of Applied Behavior Analysis,* 27, 639-647.

Duker, P., Didden, R., & Sigafoos, J. (2004) *One-to-one training: Instructional procedures for learners with developmental disabilities.* PRO-ED, Texas.

Dunlap, G., DePerczel, M., Clarke, S., Wilson, D., Wright, S., White, R., & Gomez, A. (1994) Choice making to promote adaptive behavior problems. Journal of Applied Behavior Analysis, 27, 505-518.

Dunlap, G., Dyer, K., & Koegel, R. L. (1983) Autistic self-stimulation and intertrial interval duration. *American Journal on Mental Deficiency,* 88, 194-202.

Dunlap, G., & Egel, A. I. (1982) Motivational techniques. In R. L. Koegel., A. Rincover., & A. I. Egel. (Eds.) Educating and understanding autistic children. College Hill press, San Diego, 106-126.

Dunlap, G., Foster-Johnson, L., & Clarke, S. (1995) Modifying activities to produce functional outcomes: Effects on the problem behaviors of students with disabilities. *Journal of the Association for Persons with Severe Handicaps*, 20, 248-258.

Dunlap, G., Harrower, J., & Fox, L. (2006) Understanding environmental determinants of problem behaviors. Bambara, L. M., & Kern, L.(Eds.) Individualized supports for students with problrm behaviors. Guilford press, 25-46.

Dunlap, G., & Kern, L. (1993) Assessment and intervention for children within the instructional curriculum. In J. Reichle., & D. P. Wacker. (Ed.) Communicative alternatives to challenging behavior: Integrating functional assessment and intervention strategies. Paul H Brookes, Baltimore, Maryland, 177-203.

Dunlap,G.,& Kern, L.(1996)Modifying instructional activities to promote desirable behavior: A conceptual and practical framework. School Psychology Quarterly, 11, 297-312.

Dunlap, G., Kern, L., & Worcester, J. (2001) ABA and academic instruction. *Focus on Autism & Other Developmental Disabilities,* 16, 129-136.

Dyer, K. (1989) The effects of preference on spontaneous verbal requests in individuals with autism. *Journal of the Association for People with Severe Handicaps,* 14, 184-189.

Favell, J. E., Favell, J. E., & McGimsey, J. F. (1978) Relative effectiveness and efficiency of group vs. individual training of severely retarded persons. *American Journal of Mental Deficiency,* 83, 104-109.

Favell, J. E., McGimsey, J. F., & Schell, R. M. (1982)Treatment of self-injury by providing alternate sensoryactivities. *Analysis and Intervention in Developmental Disabilities,* 2, 83-104.

Fisher,W.W., Piazza,C.C., Bowman,L.P., Owens, J.C., & Slevin,I.(1992) A comparison of two approaches for identifying reinforcers for persons with severe and profound disabilities. *Journal of Applied Behavior Analysis,* 25, 491-498.

Fisher, W. W., Thompson, R. H., Piazza, C. C., Crosland, K., & Gotjen, D. (1997) On the relative reinforcing effects of choice and differential consequences. *Journal of Applied Behavior Analysis,* 30, 423-438.

Fink, W. T., & Sandall, S. R. A. (1980) A comparison of one-to-one and small group instructional strategies with developmentally disabled preschoolers. *Mental Retardation,* 18, 34-35.

Flannery, K. B., & Horner, R.H.(1994) The relationship between predictability and problem behavior for students with severe disabilities. *Journal of Behavioral Education,* 4, 157-176.

Frankosky, R. J., & Sulzer-Azaroff, B. (1978) Individual and group contingencies and collateral social behaviors. *Behavior Therapy,* 9, 313-327.

Friman, P. C., & Poling, A. (1995) Making life easier with effort: Basic findings and applied research on response effort. *Journal of Applied Behavior Analysis,* 28, 583-590.

藤金倫徳(2001)発達障害児の要求言語の統制刺激の刺激機能.福岡教育大学

引用文献

紀要第4分冊教職科編,51, 291-296.
藤原義博(1984)3.知覚・認知・課題学習.小林重雄(編)自閉症児-その臨床例と技法-.川島書店,72-83.
藤原義博(1988)言語遅滞児の微弱な要求行動の分析.上越教育大学研究紀要第1分冊,学校教育・幼児教育・障害児教育,7, 185-195.
藤原義博(1997)応用行動分析学の基礎知識.小林重雄(監修)応用行動分析学入門.学苑社, 97-120.
藤原義博・近藤明紀・平澤紀子(1995)指導者のプロンプトに基づいた課題遂行レベルの評価の試み.上越教育大学障害児教育実践センター紀要,1, 57-63.
藤原義博・岡田健彦・平澤紀子(1997)音声言語に乏しい発達遅滞児の選択要求場面における身振りによる「はい」「いいえ」反応の形成.上越教育大学研究紀要, 17, 133-145.
藤原義博・大泉優美子(1993)ことばのない精神遅滞児の個別学習場面における要求選択行動の形成.上越教育大学研究紀要,12, 225-240.
藤原義博・大野裕史・加藤哲文・園山繁樹・武蔵博文(1982)行動論的言語訓練における新たな方向性-自発的・機能的な言語の習得をめざして-.自閉児教育研究, 5, 36-49.
Green, R. B., Hardision,W. L., & Greene, B.(1984)Turning the table on advice programs for parents: Using placements to enhance family interaction at restaurants. *Journal of Applied Behavior Analysis,* 17, 497-508.
Gresham, F. M. (1982) Social skills instruction for exceptional children. *Theory Into Practice,* 21, 129-133.
Gresham, F. M., & Gresham, G. N. (1982) Interdependent, dependent, and independent group contingencies for controlling disruptive behavior. *Journal of Special Education,* 16, 101-110.
Hanley, G. P., Iwata, B. A., & McCord, B. E. (2003) Functional analysis of problem behavior: A review. *Journal of Applied Behavior Analysis,* 36, 147-185
服巻繁・野口幸弘・小林重雄(2000)こだわり活動を利用した一自閉症青年の行動障害の改善-機能アセスメントに基づく代替行動の形成-.特殊教育学研究, 37, 35-43.
服巻繁・野口幸弘(2005)自閉症青年の衝撃的行動の改善における先行刺激操作と結果操作による介入の検討.特殊教育学研究, 43, 131-138.
Harchik, A. E., & Putzier, V. S. (1990) The use of high-probability requests to increase compliance with instructions to take medication. *Journal of the Association for*

Persons with Severe Handicaps, 15, 40-43.

Harlow,H.F. (1949) The formation of learning sets. *Psychological Review,* 56, 51-65.

Harrower, J. K., & Dunlap, G. (2001) Including children with autism in general education classrooms: A review of effective strategies. *Behavior Modification,* 25, 762-784.

肥後祥治・飯塚暁子・石坂誠（1995）＜事例＞マッチング訓練への御用学習セッティングの導入効果－多動傾向を有する発達障害児の事例から－．筑波大学リハビリテーション研究，4, 45-50.

平岡充栄・喜馬久典（2006）司会進行係の活動－朝の係活動－．石塚謙二（編）障害のある子どものための生活指導－個別の指導計画による日常生活の指導－．東洋館出版社, 48-52.

平澤紀子（2004）発達障害児の行動問題解決支援における望ましい行動の促進に向けた先行条件に関する概念的検討．岐阜大学教育学部研究報告人文科学，53，249-257.

平澤紀子・藤原義博（2002）激しい頭打ちを示す重度知的障害児への機能的アセスメントに基づく課題指導－課題遂行手続きの形成と選択機会の設定を通じて－．特殊教育学研究, 40, 313-321.

北海道教育大学附属養護学校（2005）課題学習における個別指導から小集団指導への発展．独立行政法人国立特殊教育総合研究所（編）自閉症教育実践ケースブック．ジアース教育新社. 58-63.

Horner, R. H. (1980) The effects of an environmental "enrichment" program on the behavior od institutionalized profoundly retarded children. *Journal of Applied Behavior Analysis,* 13, 471-491.

Horner, R. H., & Day, H. M. (1991) The effects of response efficiency on functionally equivalent competing behaviors. *Journal of Applied Behavior Analysis,* 24, 719-732.

Houlihan, D., Jacobson, L., & Brandon, P. K.（1994）Replication of a high-probability request sequence with varied interprompt times in a preschool setting. *Journal of Applied Behavior Analysis,* 27, 737-738.

Hughes, C., Pitkin, S. E., & Lorden, S. W. (1998) Assessing preferences and choices of persons with severe and profound mental retardation. *Education and Training in Mental Retardation and Developmental Disabilities,* 33, 299－316.

池弘子（1984）5．ことばの学習．小林重雄（編）自閉症児－その臨床例と技法－．川島書店，90-98.

稲垣真澄・白根聖子・羽鳥誉之（2003）自閉症の臨床神経生理学的研究－誘発電位と事象関連電位を中心に－．発達障害研究，25, 17-23.

引用文献

井上雅彦・井上暁子・菅野千晶（1995）自閉症者に対する地域生活技能援助教室－料理スキル獲得による日常場面の料理行動の変容について－．行動分析学研究, 8, 69-81.

井澤信三・梶永真代（2001）自閉症生徒間における社会的相互交渉を促進するためのプロンプト条件の検討．兵庫教育大学研究紀要・第1分冊（学校教育・幼年教育・教育臨床・障害児教育), 21, 123-131.

岩本隆茂（1985）オペラント行動の基礎と臨床―その進歩と展開－．勁草書房.

岩本隆茂・川俣甲子夫（1990）シングル・ケース研究法－新しい実験計画法とその応用－．

Iwata, B. A. (1994) Functional analysis methodology: Some closing comments. *Journal of Applied Behavior Analysis,* 27, 413-418.

Jacques, N., Wilton, K., & Townsend, M. (1998)Cooperative learning and social acceptance of children with mild intellectual disability. *Journal of Intellectual Disability Research,* 42, 29-36.

Johnson. B. F., & Cuvo, A. J. (1981) Teaching mentally retarded adults to cook. *Behavior Modification,* 5, 187-202.

Johnson, D. W., Johnson, R. T., Holubec, E. J., & Roy, P. (1984) *Circlre of learning: Cooperation in the classroom* (1st ed.). Association for Supervision and Curriculum Development. Interaction Book, North Beauregard St., Alexandria, VA.

Jones, R. S., & Baker, L. J. (1990) Differential reinforcement and challenging behaviour: A critical review of the DRI schedule. *Behavioral Psychotherapy,* 18, 35-47.

Kantor, J. R. （1959） *Interbehavioral Psychology.* Principia Press, Granville.

Kamps, D. M., Walker, D., & Maher, J. (1992) Academic and environmental effects of small group arrangements in classrooms for students with autism and other developmental disabilities. *Journal of Autism and Developmental Disorders,* 22, 277-293.

金原たか子（1984）4．表現活動学習．小林重雄（編）自閉症児－その臨床例と技法－．川島書店, 84-90.

加藤哲文（1997）コミュニケーション行動を形成するための基礎的・応用的指導技法　小林重雄（監修）応用行動分析学入門．学苑社, 97-120.

片倉暎子（1979）自閉症児の個別指導法－プログラムと教材－．東京学芸大学特殊教育研究施設報告, 25, 1-69.

Kennedy, C. H., Itkonen, T., & Lindquist, K. (1995) Comparing interspersed requests and social comments as antecedents for increasing student compliance. *Journal of Applied Behavior Analysis,* 28, 97-98.

Kennedy, C. H., & Meyer, K. A. (1998) Establishing operations and the motivation of challenging behavior. In J. Luiselli., & M. Cameron. (Eds.) *Antecedent control.* Paul H. Brookes, Baltimore, Maryland, 329-346.

Kern, L., & Clarke, S. (2005) Antecedent and setting event interventions. In L. M. Bambara., & L. Kern. (Eds.) Individualized supports for students with problrm behaviors. Guilford press, 72 Spring Street,New York, 201-236.

Kern, L., & Clements, N. H. (2007) Antecedent strategies to promote appropriate classroom behavior. Psychology in the Schools, 44, 65-75.

Kern, L., & Dunlap, G. (1987) Using task variation to motivate handicapped students. *Teaching Exceptional Children,* 19, 16-19.

Kern, L., & Dunlap, G. (1998) Curricular modification to promote desirable classroom behavior. In J. Luiselli., & M. Cameron. (Eds.) *Antecedent control.* Paul H. Brookes, Baltimore, Maryland, 289-307.

Kern, L., Mantegna, M. E., Vorndran, C. M., Bailin,D., & Hilt, A. (2001) Choice of task sequence to reduce problem behaviors. *Journal of Positive Behavior Interventions,* 3, 3-10.

Kern, L., Wacker, D. P., Mace, F. C., Falk, G. D., Dunlap, G., & Kromrey, J. D. (1995) Improving the peer interactions of students with emotional and behavioral disorders through self-evaluation procedures: A component analysis and group application. Journal of Applied Behavior Analysis, 28, 47-59.

Koegel, R. L., Carter, C. M., & Koegel, L. K. (1998) Setting events to improve parent-teacher coorination and motivation for children with autism. Luiselli,J., & Cameron,M. (Eds.) Antecedent control. Paul H. Brookes, Baltimore, Maryland, 167-186.

Koegel, R. L., Dunlap, G., & Dyer, K. (1980) Intertrial interval duration and learning in autistic children. *Journal of Applied Behavior Analysis,* 13, 91-99.

Koegel,R L., Dyer, K., & Bell, L. K. (1987) The influence of child-preferred activities on autistic children's social behavior. *Journal of Applied Behavior Analysis,* 20, 243–252.

Koegel, L. K., Koegel, R. L., Hurley, C., & Frea, W. D. (1992) Improving social skills and disruptive behavior in children with autism through self-management. *Journal of Applied Behavior Analysis,* 25, 341-353.

Koegel, R. L., & Rincover, A. (1974) Treatment of psychotic children in a classroom environment: Learning in a large group. Journal of Applied Behavior Analysis, 7, 45-59.

小島恵（1999）発達障害児における集団随伴性の効果－社会的スキルの獲得過

引用文献

程と自発的援助行動の出現に関する分析から－．学校教育学研究論集，2, 29-39.
小島恵（2000）発達障害児・者における集団随伴性による仲間同士の相互交渉促進に関する研究の動向．特殊教育学研究，3, 79-84.
小島恵（2001）集団随伴性による発達障害児集団内の相互交渉促進に関する研究－知的障害児と自閉症児の比較から－．国立特殊教育総合研究所研究紀要，28, 1-9.
国立特殊教育総合研究所（編）（2005）自閉症教育実践ケースブック．ジアース教育新社．
小沼順子（2003）一斉指導場面における知的障害児の主体的活動・参加を促進するための環境手がかりのあり方に関する検討．上越教育大学大学院学校教育研究科障害児教育専攻修士論文（未公刊）
小山正（1989）精神発達に遅れを示す子供の言語獲得期の諸問題－象徴機能の発達を中心に－．音声言語医学，30, 151-166.
久野能弘・桑田繁（1988）フリー・オペラント技法による自閉症児の言語形成（その2）．上里一郎（編）心身障害児の行動療法, 同朋舎, 94-129.
Lancioni, G. E. (1982) Normal children as tutors to teach social responses to withdrawn mentally retarded schoolmates: Training, maintenance, and generalization. *Journal of Applied Behavior Analysis,* 15, 17-40.
Lancioni, G. E., O'Relly, M. F., & Emeson, E. (1996) A review of choice research with people with severe and profound developmental disabilities. *Research in Developmental Disabilities,* 17, 391-411.
Lerman, D. C., Iwata, B. A., Rainville, B., Adelins, J. D., Crosland, K., & Kogen, J. (1997) Effects of reinforcement choice on task responding individuals with developmental disabilities. *Journal of Applied Behavior Analysis,* 30, 411-422.
Lew, M., Mesch, D., Johnson, D.W., & Johnson, R. (1986) Components of cooperative learning: Effects of collaborative skills and academic group contingencies on achievement and mainstreaming. *Contemporary Educational Psychology,* 11, 229-239.
Lovaas (1977) *Behavioral Management of Autistic Children.* Irvington Publishers, New York.
Luiselli, J., & Cameron, M. (Eds.) (1998) *Antecedent control.* Paul H. Brookes, Baltimore, Maryland.
Luiselli, J. K., & Murbach, L. (2002) Providing instruction from novel staff as an antecedent intervention for child tantrum behavior in a public school classroom. *Education & Treatment of Children,* 25, 356-365.

Mace, F. C., & Belfiore, P. (1990) Behavioral momentum in the treatment of escape-motivated stereotypy. Journal of Applied Behavior Analysis, 23, 507-514.

Mace,F.C., Browder,D.M., & Lin Y. (1987)Analysis of demand conditions associated with stereotypy. *Journal of Behavior Therapy Experimental Psychiatry*, 18, 25–31.

Mace, F. C., Hock, M. L., Lalli, J. S., West, B. J., Belfiore, P., Pinter, E., & Brown, D. K. (1988) Behavioral momentum in the treatment of noncompliance. *Journal of Applied Behavior Analysis,* 21, 123-141.

Mace, F. C., Mauro, B. C., Boyajian, A. E., & Eckert, T. L. (1997) Effects of reinforcer quality on behavioral momentum: Coordinated applied and basic research. *Journal of Applied Behavior Analysis,* 30, 1-20.

MacDuff, G. S., Krantz, P. J., & McClannahan, L. E. (1993) Teaching children with autism to use photographic activity schedules: Maintenance and generalization of complex response chains. *Journal of Applied Behavior Analysis,* 26, 89–97.

Maehr, M. (1984) Meaning and motivation : Toward a theory of personal investment. In R. Ames. (Ed.) *Research on motivation in education.* Orlando, Academic Press, FL, 115-144.

Mazur,J.E.(1998)*Learning and behavior:4th ed.* 磯博行・坂上貴之・川合伸幸共訳（1999）メイザーの学習と行動・第4版．二瓶社．

McComas, J. J., Wacker, D. P., Cooper, L. J., Peck, S., Golonka, Z., Millard, T., & Richman, D. (2000) Effects of high-probability requests procedure: Patterns of responding to low-probability requests. *Journal of Developmental and Physical Disabilities,* 12, 157-171.

McConnell, S. R., Sisson, L. A., Cort, A. C., & Strain, P. S. (1991) Effects of social skills training and contingency management on reciprocal interaction of preschool children with behavioral handicaps. The Journal of Special Education, 24, 473-495.

Melin,L., & Gotestam,G. (1981)The effects of rearranging ward routines on communication and eating behaviors of psychogeriatric patients. *Journal of Applied Behavior Analysis,* 14, 47-51.

Michael, J. (1982) Distinguishing between discriminative and motivational functions of stimuli. *Journal of the Experimental Analysis of Behavior,* 37, 149-155.

Michael, J. (1993) Establishing operations. *The Behavior Analyst,* 16, 191-206.

Miltenberger, R.G. (1998) Methods for assessing antecedent. In J. Luiselli., & M. Cameron. (Eds.) *Antecedent control.* Paul H. Brookes, Baltimore, Maryland, 47-66.

Miltenberger, R. G. (2001) *Behavior modification: Principles and procedures/2nd edition.* 園山繁樹・野呂文行・渡辺匡隆・大石幸二（訳）（2005）行動変容法

引用文献

入門.二瓶社.
Miltenberger, R. G. (2006) Antecedent interventions for challenging behaviors maintained by escape from instructional activities. In J. K. Luiselli. (Eds) *Antecedent assessment & intervention:Supporting children & adults with developmental disabilities in community settings.* Paul H. Brookes, Baltimore, Maryland, 101-124.
望月昭(1996)発達障害リハビリテーションの実践・研究について－自己決定の援助技術を中心に－.発達障害研究,17,3942.
望月昭・野崎和子・渡辺浩志(1988)聾精神遅滞者における要求言語行動の実現－施設職員によるプロンプト付き時間遅延操作の検討－.特殊教育学研究,26, 1-11.
Moes, D. R. (1998) Integrating choice-making opportunities within teacher-assigned academic tasks to facilitate the performance of children with autism. *Journal of the Association for Persons with Severe Handicaps,* 23, 319-328.
Morrison, K., & Rosales-Ruiz, J. (1997) The effect of object preferences on task performance and stereotypy in a child with autism. *Research in Developmental Disabilities,* 18, 127-137.
Munk, D. D., & Repp, A. C. (1994) The relationship between instructional variables and problem behavior: A review. *Exceptional Children,* 60, 390-401.
村中智彦・藤原義博(2005)知的障害児の個別指導における試行間間隔が試行遂行反応に及ぼす効果.行動分析学研究,20,13-27.
村中智彦・藤原義博(2007)知的障害児の個別指導における最適な試行間間隔の設定－課題遂行反応と逸脱反応に及ぼす効果から－.行動分析学研究,21, 58-75.
村中智彦・藤原義博(2010)知的障害児の個別指導の在り方に関する検討－課題準備行動が逸脱行動の生起に及ぼす効果から－.上越教育大学研究紀要,29,187-197.
村中智彦・藤原義博・小林貞子(2001)―自閉症児における課題の選択が課題従事行動に与える効果.教育実践学論集,2,1-10.
村中智彦・小沼順子(2009)小集団指導を通じた自閉症児と他児とのやりとりの促進.行動科学,48,37-46.
村中智彦・小沼順子・藤原義博(2009)小集団指導における知的障害児童の課題遂行を高める先行条件の検討―物理的環境と係活動の設定を中心に－.特殊教育学研究,46,299-310.
武蔵博文(1984)症例1－対人回避傾向と行動異常が顕著なM.T.－.小林重雄・杉山雅彦(編)自閉症児のことばの指導.日本文化科学社,32-38.

武藤崇 (1999)「セッティング事象」の概念分析-機能的文脈主義の観点から-. 心身障害学研究, 23, 133-146.

武藤崇・多田昌代（2001）確立操作の概念とその有効性-より包括的な支援を可能にする分析枠の再検討-. 特殊教育学研究, 39, 25-30.

永渕正昭（1977）聴覚・言語障害—言語機能のリハビリテーション. 文光堂.

長崎勤（1989）精神遅滞児の言語指導をめぐる諸問題-目的、指導システム、指導方法を中心に-. 特殊教育学研究, 27, 117-123.

長沢正樹・森島慧（1992）機能的言語指導法による自閉症児の要求言語行動の獲得. 特殊教育学研究, 29, 77-81.

Nevin, J.A., & Grace, R.C. (2000) Behavioral momentum and the law of effect. *Behavioral & Brain Sciences*, 23, 73-90.

西村辨作・綿巻徹・原幸一・佐藤真由美・若林愼一郎（1998）話しことばをもたない自閉症児への非音声言語を用いた言語治療. 児童青年精神医学とその近接領域, 39, 352-363.

野村東助（1996）自閉症児の指導法-講座「自閉症児の診断と指導」-. 学苑社.

Nordquist, V. M., & Twardosz, S. (1990) Preventing behavior prpblems in early childhood special education classrooms through environmental organization. *Education and Treatment of Children*, 13, 274-287.

Nordquist, V. M., Twardosz, S., & McEvoy, M. A. (1991) Effcts of environmental recorganization in classrooms for children with autism. *Journal of Early Intervention*, 15, 135-152.

Odom, S. L., & Strain, P. S. (1986) A comparison of peer-initiation and teacher-antecedent interventions for promoting reciprocal social interaction of autistic preschoolers. *Journal of Applied Behavior Analysis*, 19, 59-71.

岡村章司・藤田継道・井澤信三（2007）自閉症者が示す激しい攻撃行動に対する低減方略の検討-兆候行動の分析に基づく予防的支援-. 特殊教育学研究, 45, 149-159.

奥脇敏幸・小林重雄 (2000) マルチプルプローブデザインを用いた福祉作業所利用者に対する指導の効果. 特殊教育学研究, 37, 9-16.

小笠原恵・櫻井千夏（2003）知的障害児の示す行動問題の機能アセスメントに関する研究-先行事象の操作場面におけるアセスメントの事例的検討-. 特殊教育学研究, 41, 377-386.

小笠原恵・氏森英亜（1990）精神発達遅滞事例における要求語の出現頻度を高める条件の検討-機会利用型指導法およびマンド・モデル法を通して-. 行動分析学研究, 5, 45-56.

引用文献

Oliver, P. R., & Scott, T. L. (1981) Group versus individual training in establishing generalization of language skills with severely handicapped individuals. *Mental Retardation,* 19, 285-289.

小野浩一（2005）行動の基礎－豊かな人間理解のために－．培風館．

大井学（1992）大人との交渉を通じた重度精神遅滞児の前言語的要求伝達の改善．特殊教育学研究，30, 33-44.

大野裕史・杉山雅彦・谷晋二・武蔵博文・中矢邦雄・園山繁樹・福井ふみ子（1985）いわゆる「フリーオペラント」法の定式化－行動形成法の再検討－．心身障害学研究，9, 91-103.

Peck, C. A., Apolloni, T., Cooke, T. P., & Raver, S. (1978) Teaching retarded preschoolers to imitate the free-play behavior of nonretarded classmates: Trained and generalized effects. *The Journal of Special Education,* 12, 195-207.

Parsons, M. B., & Reid,D.H.(1990) Assessing food preferences among persons with profound mental retardation : Providing opportunities to make choices. *Jounal of Applied Behavior Analysis, 23,183195.*

Parsons, M. B., Reid, D. H., Reynolds, J., & Bumgarner, M. (1990) Effects of chosen versus assigned jobs on the work performance of persons with severe handicaps. *Journal of Applied Behavior Analysis,* 23, 253-258.

Reid, D. H., & Favell, J. E. (1984) Group instruction with persons who have severe disabilities: A critical review. *Journal of the Association for the Severely Handicapped,* 9, 167-177.

Repp, A. C., & Karsh, K. G. (1991) The task demonstration model: A program for teaching persons with severe disabilities. In B. Remington (Ed.) *The challenge of severe mental handicap: A behavior analytic approach.* Chichester: John Wiley, 263-282.

Repp, A. C., & Karsh, K. G. (1992) An analysis of a group teaching procedure for persons with developmental disabilities. *Journal of Applied Behavior Analysis,* 25, 701-712.

Roscoe, E. M., Iwata, B. A., & Kahng, S. W. (1999) Relative versus absolute reinforcement effects: Implications for preference assessments. *Journal of Applied Behavior Analysis,* 32, 479-493.

Romano, J. P., & Roll, D. (2000) Expanding the utility of behavioral momentum for youth with developmental disabilities. *Behavioral Interventions,* 15, 99-111.

Reynolds, G. S. (1975) *A primer of operant conditioning.* Oxford, England: Scott, Foresman. 浅野俊夫（訳）オペラント心理学入門－行動分析への道－．サイエ

ンス社.

佐久間徹(1988) フリー・オペラント技法による自閉症児の言語形成（その1）－構音困難を伴う自閉症児に対するワン・サウンド・センテンスの試み－. 上里一郎(編)心身障害児の行動療育, 同朋舎, 62-93.

佐藤和彦・島宗理・橋本俊顕(2003) 重度知的障害児におけるカードによる援助要求行動の形成・般化・維持. 行動分析学研究, 18, 83-98.

佐藤容子・佐藤正二・高山巌（1986）精神遅滞児の社会的スキル訓練－最近の研究動向－. 行動療法研究, 12, 9-24.

佐々木正美（1993）自閉症療育ハンドブック－TEACCHプログラムに学ぶ－. 学研.

Saunders, M. D., & Saunders, R. R. (1998) An analysis of stereotypy during prevocational instruction of an adolescent with severe mental retardation. *Behavioral Intervention,* 12, 1-26.

Saunders, K. J., & Spradlin, J. E. (1989) Conditional discrimination in mentally retarded adults: The effects of training the component simple discriminations. Journal of the Experimental Analysis of Behavior, 52, 1-12.

Schlinger, H. D. (1993) Establishing operations: Another step toward a functional taxonomy of environmental events. *The Behavior Analyst,* 16, 207-209.

Seybelt, S., Dunlap, G., & Ferro, J. (1996) The effects of choice-making on the problem behavior of high school students with intellectual disabilities. *Journal of Behavioral Education,* 6, 49-65.

Shafer, M. S., Egel, A. L., & Neef, N. A. (1984) Training mildly handicapped peers to facilitate changes in the social interaction skills of autistic children. *Journal of Applied Behavior Analysis,* 17, 461-476.

Sigafoos, J. (1998) Choice making and personal selection strategies. In J. Luiselli., & M. Cameron. (Ed.) *Antecedent control.* Paul H. Brookes, Baltimore, Maryland, 187-221.

Sigafoos, J., Arthur, M., & O'Reilly, M. (2003) *Challenging behaviour and developmental disability.* Whurr Publishers Ltd, London, England.

Singer, G. H. S., Singer, J., & Horner, R. H. (1987) Using pretask requests to increase the probability of compliance for students with severe disabilities. *Journal of the Association for Persons with Severe Handicaps,* 12, 287-291.

島宗理（2003）行動分析学からみたTEACCH. 鳴門教育大学研究紀要（教育科学編), 18, 197-203.

清水直治・山口薫・高橋昇（1984）自閉症児における個別指導プログラムの展開. 東京学芸大学特殊教育研究施設報告, 34, 27-45.

引用文献

Skinner, B. F. (1953) Some contributions of an experimental analysis of behavior to psychology as a whole. *American Psychologist,* 8, 69-78.

Skinner, C. H., Adamson, K. L., Woodward, J. R., Jackson, R. R., & Atchison, L. A. (1993) A comparison of fast-rate, slow-rate, and silent previewing interventions on reading performance. *Journal of Learning Disabilities,* 26, 674-681.

Skinner, C. H., Fletcher, P. A., & Henington, C. (1996) Increasing learning rates by increasing student response rates: A summary of research. *School Psychology Quarterly,* 11, 313-325.

Skinner, C. H., Smith, E. S., & Mclean, J. E. (1994) The effects of intertrial interval duration on sight-word learning rates in children with behavioral disorders. Behavioral Disorders, 19, 98-117.

Smith, M. R., & Lerman, D. C. (1999) A preliminary comparison of guided compliance and highprobability instructional sequences as treatment for noncompliance in children with developmental disabilities. Research in Developmental Disabilities, 20, 183-195.

Smith, R. G., & Iwata, B. A. (1997) Antecedent influences on behavior disorders. Journal of Applied Behavior Analysis, 30, 343-375.

Smith, R. G., Iwata, B. A., Goh, H., & Shore, B. A. (1995) Analysis of establishing operations for self-injury maintained by escape. *Journal of Applied Behavior Analysis,* 28, 515-535.

Smith, R. G., Iwata, B. A., & Shore, B. A. (1995) Effects of subject-versus experimentar-selected reinforcers on the behavior of individuals with profound developmental disabilities. *Journal Applied Behavior Analysis,* 28, 61-71.

Smith, T. (2001) Discrete trial training in the treatment of autism. *Focus on Autism & Other Developmental Disabilities,* 16 , 86-92.

園山繁樹（1993）相互行動心理学の基本概念．中国短期大学紀要，24，127-137.

園山繁樹（2006）行動問題のアセスメントと支援．本郷一夫・長崎勤（編）別冊発達：特別支援教育における臨床発達心理学的アプローチ．28，67-83.

Stokes, T. F., & Osnes, P. G. (1988)The developing applied technology of generalization and maintenance. In Horner et al. (Eds.), *Generalization and maintenance: Life-style changes in applied settings. Baltimore,* MD: Paul H.Brookes Publishing. 小林重雄・加藤哲文（監訳）（1992）自閉症、発達障害者の社会参加を目指して－応用行動分析学からのアプローチ－．二瓶社．1-19.

杉江修治（2004）教育心理学と実践活動―協同学習による授業改善―．教育心理学研究，43，156-165.

杉山雅彦（1980）学習態度の形成．小林重雄（編著）子どもの行動療法．自閉

症児.川島書店, 65-72.

杉山雅彦(1984)治療教育関係の形成.小林重雄・杉山雅彦(編著)自閉症児のことばの指導.日本文化科学社, 19-38.

田口恒夫(1966)言語障害治療学.医学書院.

高畑庄蔵・武蔵博文(1999)知的障害者を対象とした食生活・運動習慣の形成と長期的維持－生活技能支援ツールによる日常場面での支援のあり方－.行動分析学研究, 13, 2-16.

竹内めぐみ・島宗理・橋本俊顕(2005)自閉症児におけるワークシステムを使った家庭での自立課題の遂行支援.特殊教育学研究, 43, 41-50.

田村敦(1999)知的障害養護学校における個別化教育のための学習指導に関する調査研究.上越教育大学学校教育研究科障害児教育専攻修士論文(未公刊).

Tateyama-Sniezek, K. M. (1990) Cooperative learning: Does it improve the academic achievement of students with handicaps?. *Exceptional Children,* 56, 426-437.

Taras, M. E., Matson, J. L., & Leary, C. (1988) Training social interpersonal skills in two autistic children. *Journal of Behavior Therapy and Experimental Psychiatry,* 19, 275-280.

Thorndike (1911) *Animal intelligence.* New York: Macmilan.

東京都教育委員会(2008)自閉症児の教育課程の充実.東京都教育長指導部義務教育特別支援教育指導課.

富山大学附属養護学校(2005)準備から片付けまで分かって動ける環境作り.独立行政法人国立特殊教育総合研究所(編)自閉症教育実践ケースブック.ジアース教育新社, 84-87.

Twardosz, S., Cataldo, M. F., & Risley, T. R. (1974) Open environment design for infant and toddler day care. *Journal of Applied Behavior Analysis,* 7, 529-546.

氏森英亜(1992)自閉症児の言語指導における行動分析学アプローチ.野村東助(編)自閉症児の指導法－講座自閉症児の診断と指導－.学苑社, 105-128.

Valcante, G., Roberson, W., Reid, W. R., & Wolking, W. D. (1989) Effects of wait-time and intertrial interval durations on learning by children with multiple handicaps. *Journal of Applied Behavior Analysis,* 22, 43-55.

涌井恵(2002)仲間同士の相互交渉に困難を示す児童への集団随伴性(Group-oriented Contingency)による社会的スキル訓練－自発的な援助行動への副次的な効果も含めた分析－.発達障害研究, 24, 304-315.

涌井恵(2003)発達障害児集団における集団随伴性による仲間相互交渉促進に関する条件分析.コミュニケーション障害学, 20, 63-73.

引用文献

Walsh, J. M., & Jones, B. (2004) New models of cooperative teaching. *Teaching Exceptional Children,* 36, 14-20.

渡辺勧持・小塩允護・中島章雄・三宅信一（1978）重度精神遅滞児の自己刺激行動 − 1. 施設の生活事態差が及ぼす影響度による検討 −. 特殊教育学研究, 16, 24-36.

Weeks, M., & Gaylord-Ross, R. (1981) Task difficulty and aberrant behavior in severely handicapped students. *Journal of Applied Behavior Analysis,* 14, 449-463.

West, R. P., & Sloan, H. N. (1986) Teacher presentation rate and point delivery rate. *Behavior Modification,* 10, 267-286.

Witt, J. C., VanDerHeyden, A. M., & Gilbertson, D. (2004) Troubleshooting behavioral interventions: A systematic process for finding and eliminating problems. *School Psychology Review,* 33, 363-383.

山本淳一（1987）自閉児における刺激等価性の形成. 行動分析学研究, 1, 2-21.

Yamamoto, J., & Mochizuki, A.(1988) Acquisition and functional analysis of manding with autistic students. *Journal of Applied Behavior Analysis,* 21, 57–64.

山根律子（1984）6. 数量の学習. 小林重雄（編）自閉症児−その臨床例と技法−. 川島書店, 98-105.

吉利宗久（2004）アメリカ合衆国のインクルージョンにおける協同学習モデルとその成果. 発達障害研究, 26, 128-138.

あとがき

　大学に勤めて17年目の夏を迎えた。大学に赴任した当初、博士課程に進学しなかった私にとって、研究者の世界で生きていくには、あまりにも未熟であった。テーマさえ定まらず、それを導き出すための方法論を持ち得ず、ひたすら先行研究にあたるしかなかった。当時も、そしてこれからも変わらないであろう信念の一つは、大学人として最も大切な仕事は「研究」ということである。研究能力は不足しており、研究者としてやっていけるのかどうか、早く論文を書きたいという不安と焦りばかりが大きかった。

　手始めに、障害者デイサービスセンターの指導員として勤務していた頃に関心のあった「知的障害者の自己決定や選択行動」に関わる国内外の文献を収集し、読み始めた。この世界の広さに圧倒されながらも、ようやく研究らしい実験に取り組んだが、思い描いた結果は出ず、投稿論文も上手くいかなかった。

　相変わらず見通しはないまま、それでも大学での臨床活動を続けていた。子どもとの時間を過ごすなかで、先行研究に翻弄されるだけではなく、普段の指導の場で起きている現象や事実に目を向け、「なぜ」とクリティカルな視点を研ぎ澄ますことで、糸口が見えてくるのではないかと考えるようになった。当初を振り返ると、研究活動では実在しない、楽のできる近道ばかりを探していたのかもしれない。

　子どもとの関わりを映し出すビデオ記録を繰り返し視聴し、教育事象の分析を重ねる中で、いかに指導者の働きかけや環境設定が子どもの行動に影響を与えているかを痛感した。そうして本研究のテーマである「課題遂行の促進」につながる手続きを一つずつ確かめるようになった。子どもの示す奇異な問題行動や上手くいかないことばかりに目を奪われていたが、彼らが課題遂行できるために、自身の働きかけを改善すること、十分な環

境を整備することの重要性を少しずつ理解できるようになった。変わる、改善する必要があるのは、子どもではなく、筆者自身である。そうした中で出会ったのが「応用行動分析」であり、先行操作に基づくアプローチである。

　このように非常に危ういスタートであったが、なんとか研究活動を続け、自身の力不足を嫌悪しながらも飽きることなく、一応の成果とともに博士論文をまとめることができたのは、現在勤務している上越教育大学臨床・健康教育学系特別支援教育コースの先生方の支えがあるからである。先生方には、いつも暖かい励ましの言葉を頂いた。毎日の業務の中で論文作成を継続できたのは、先生方のご理解とご指導のおかげであり、いまも育てて頂いている。

　指導教授、主査である上越教育大学臨床・健康教育学系特別支援教育コース・大庭重治教授のご指導には心から感謝している。先生のご指導がなければ、本論文を世に問うことはできなかった。絶え間なく、自身の研究テーマと向き合い、研究活動を継続している研究者として、大学人としての姿勢にこれからも学んでいきたい。また、副主査である上越教育大学（学校教育臨床連合講座）・加藤哲文教授、審査委員会委員である上越教育大学（学校教育方法連合講座）・越良子教授、岡山大学（学校教育臨床連合講座）・吉利宗久准教授、兵庫教育大学（先端課題実践開発連合講座）・井澤信三教授の先生方には、大変ご多忙なところご指導を頂きました。

　本論文の作成においては、創価大学（元筑波大学特別支援教育研究センター）・藤原義博教授との出会いが大きい。先生には、応用行動分析や研究方法論だけでなく、子どもたちや家族、専門家である支援者との関わりなどのたくさんの教えを頂いた。臨床家として、研究者としての生き抜く術や心について、身を持って教えて頂いた。今後は、教員養成大学の教員として、学校での授業研究に力を注ぎたいと考えているが、そのための基盤となる視点や方法論を持ち得たのは先生のご指導があったからである。深く感謝申し上げます。小集団指導の研究では、協同研究者である青森弘

あとがき

　前第一養護学校（元青森県総合学校教育センター特別支援教育課・指導主事）の小沼順子先生に多大なご支援を頂いた。先生のお力がなければ、本研究をすすめることはできなかった。また、これまで上越教育大学大学院学校教育研究科・特別支援教育コースに在学していた学生諸君には、実験の手伝いやデータ整理などの協力を頂いた。
　関係された皆様には、ここに深く感謝申し上げます。
　子どもとの関わりの中で、いつも心にあったのは、子どもが適切に課題を遂行する機会をいかにして豊富に設定できるかであった。適切な環境設定と手続きのもとで、子どもたちが適切に課題を遂行し、指導者や仲間から「すごいね」「ありがとう」と評価されるような課題内容や手続きをどうやってつくるかであった。そうして続けてきた教育臨床の成果を「先行操作」によるアプローチを柱にまとめることができたが、改めて気づくことは「先行操作とはいったい何であろうか」「どんな教育的な価値を見いだせるのか」など、未だ確信に至らないことばかりである。浮かんでくるのは、「なぜ」という数々の疑問ばかりであるが、今後の研究活動に役立てていきたい。
　最後に、何よりも本研究にご協力頂いた子どもたち、そして面倒な研究に参加してくださったご家族に心よりお礼申し上げます。

村中　智彦

索　引

【あ行】
維持　9, 14, 26, 29, 35, 78, 118, 126, 151, 159, 165
逸脱行動　7, 10-11, 17, 21, 27-28, 30-31, 32-40, 79
インターバルレコーディング　65, 99, 104, 134
オペラント行動　13, 21-23
オペラント条件づけ　12, 21-22, 25

【か行】
確立操作　21, 23-25
課題学習　3-4, 161
課題示範モデル　15,
課題分析　112,
拮抗条件づけ　11, 34
教育臨床　3, 13, 161
強化刺激　8, 11-13.22, 24-25, 28, 78, 123, 150, 165
強化力　22-25
協同学習　160-161,
嫌悪刺激　25-26
向社会的行動　19-20
構造化　6-7, 12, 37

【さ行】
視覚手がかり　7, 41, 127, 130, 135, 143, 151, 158-159, 162, 164
刺激性制御　10, 23, 153, 160
試行間間隔　8, 11-12, 32-33, 40, 42, 60, 80, 154, 164
指導形態　4, 14, 16, 33, 40, 154, 164

社会的スキル　3, 17-19, 39
集団随伴性　17, 19, 39
消去　11, 26, 29, 34, 59, 78-79
状況事象　21-24, 155, 157
正の強化　12, 25-27, 78, 156
積極的行動支援　21,
先行操作　21-22, 25-32, 35-37, 40, 42, 106, 124, 154-158, 161-162

【た行】
断続試行　6, 7-13, 34
ティーチプログラム　6-7, 37

【な行】
仲間媒介法　18-19

【は行】
般化　9, 15-16
反転計画法　48, 80
反応禁止操作　10-11, 155
反応努力　22, 122, 124, 151-152, 158, 164
負の強化　26, 29
フリーオペラント　6-7, 12-13, 161, 164
分化強化　11, 26, 78
弁別学習　1, 4, 9-10, 16
弁別刺激　8, 10, 21-25, 123, 127, 158, 164

【ま行】
見本合わせ　61-62, 80, 161

【ら行】
レスポンデント行動　25,

著者紹介

村中智彦（むらなか　ともひこ）
上越教育大学大学院学校教育研究科准教授
1971年広島県生まれ。1996年広島大学大学院学校教育研究科障害児教育専攻修士課程修了。同年、広島市社会福祉事業団広島市北部障害者デイサービスセンター指導員、1997年上越教育大学学校教育学部附属障害児教育実践センター助手、講師を経て現職。
博士（学校教育学）。専門は知的障害・自閉症児の心理、指導法。応用行動分析。主著に、『学び合い，ともに伸びる授業づくり』（編著，明治図書，2013）、『困ったからわかる，できるに変わる授業づくり』（編著，明治図書，2015）。

知的障害児の指導における課題遂行の促進

平成27年12月25日　発行

著　者　村中　智彦
発行所　株式会社溪水社
　　　　広島市中区小町1-4（〒730-0041）
　　　　電話 082-246-7909／FAX082-246-7876
　　　　e-mail: info@keisui.co.jp
　　　　URL:www.keisui.co.jp

ISBN978-4-86327-312-2　C3037